죽음의 도시, 생명의 거리

아우또노미아총서40

죽음의 도시, 생명의 거리
死にゆく都市, 回帰する巷

지은이 이와사부로 코소
옮긴이 〈서울리다리티〉

펴낸이 조정환
책임운영 신은주
편집부 김정연 · 오정민
프리뷰 권범철

펴낸곳 도서출판 갈무리 등록일 1994. 3. 3. 등록번호 제17-0161호
초판인쇄 2013년 3월 3일 초판발행 2013년 3월 13일
종이 화인페이퍼 인쇄 영진문원 · 예원프린팅 제본 은정제책

주소 서울 마포구 서교동 375-13호 성지빌딩 101호
전화 02-325-1485 팩스 02-325-1407
website http://galmuri.co.kr e-mail galmuri@galmuri.co.kr

ISBN 978-89-6195-064-0 94300 / 978-89-6195-003-9 (세트)
도서분류 1. 사회과학 2. 인류학 3. 도시 4. 사회학 5. 미학 6. 철학 7. 역사학 8.
사회운동 9. 예술 10. 지리학

값 19,000원

이 도서의 국립중앙도서관 출판시도서목록(CIP)은 e-CIP홈페이지(http://www.nl.go.kr/ecip)와 국가자료공동목
록시스템(http://www.nl.go.kr/kolisnet)에서 이용하실 수 있습니다. (CIP제어번호 : CIP2013001278)

死にゆく都市, 回帰する巷

죽음의 도시
생명의 거리

뉴욕, 거리, 지구에 관한
42편의 에세이

이와사부로 코소 지음
Sabu Kohso

〈서울리다리티〉 옮김
Seoulidarity

일러두기

1. 이 책은 高祖岩三郎, 『死にゆく都市, 回帰する巷』, 以文社, 2010을 완역한 것이다.
2. 지은이 주석과 옮긴이 주석은 같은 일련번호를 가지며, 옮긴이 주석에는 l옮긴이l라고
   표시하였다.
3. 단행본, 전집, 정기간행물에는 겹낫표(『 』)를, 논문, 논설, 기고문 등에는 홑낫표(「 」)를, 단체
   명, 행사명, 영상, 전시, 공연물, 법률, 조약 및 협약에는 가랑이표(〈 〉)를 사용하였다.

도시적 연옥과 행복

『죽음의 도시, 생명의 거리』는 필자가 『뉴욕열전』[1], 그리고 『유체도시를 구축하라!』[2]에 이어 뉴욕/도시론에 대해 말하는 세 번째 책이다. 어딘가 가르강튀아적인 이야기의 유희성을 품고 있던 전작들과 비교해 볼 때 이 책의 주조음은, 특히 프롤로그와 에필로그에서 이야기되고 있는 내용들은 납빛의 그늘로 가득 찬 분노와 슬픔일지도 모른다. 이는 현재 서울, 도쿄, 뉴욕, 그 외의 모든 세계도시(메트로폴리스)에서 진행되고 있는 '연옥 같은 상황'에 대한 이른바 서장이었다. 그런 의미에서 이 책 안에 몇 가지 형태로 '현재'가 미리 예측되어 있었다는 자부심 또한 없는 것은 아니다.

『뉴욕열전』은 복수의 역사적 계보를 따라 민중의 집합신체와 공동체의 공간형성을 탐사해 보는 시도였다. 여기서 강조된 관점 중 하나는 방법론으로서의 '장소에 대한 사랑(토포필리아)'이었다. 바꿔 말하면, 일상적으로 보고 지나쳐 버리는 풍경에서 기억 속에 묻혀 버린 '다종다양한 민중'의 생생한 싸움을 발굴해 내어, 현재 우리의 삶과 투쟁을 역량화하는 계기로 삼고자 했다. 이러한 시도의 연장선상에서 쓰인 『유체도시를 구축하라!』는 뉴욕이라고 하는 도시의 물질적 조성을 그 시각적 표상, 즉 시각형식으로부터 계속해서 일탈해 나가는 '유체'로 파악하며 도시적 역사와 문화를 일종의 유물론적 설화로서 이야기하려 했다. 지금 돌이켜 볼 때, 이 책들이 쓰인 대략 2004년부터 2006년에 걸친 기간의 정세, 혹은 필자 자신의 생활 형태는 설화로서 이야기할 수 있을 법한 '역사적인 장소성'을 찾아 산책을 할 여유가 있었던 것이다.

그에 반해, 이 책을 집필한 2006년부터 2009년은, 위와 같은 작업이 불가능했다고까지 말할 수는 없어도 확실히 점점 더 힘들어지고 있는 과정이었다. 개인적으로도 일상적인 의무와 활동이 많아져 주말마다 하던 자전거 주행이나 도보 여행이 어렵게 되었다. 사회적으로는 말할 것도 없이 이른바 '세계화'가 점점 더 격렬하게 도시의 일상을 압도하기 시작했다. 세계도시(메트로폴리스)

의 금융, 정보, 에너지, 서비스 산업이 보다 대규모로 세계 각지의 생산과 노동의 잉여가치를 흡수함으로써, 한편에서는 도시와 도시 간의 힘 관계가 적나라하게 드러나기 시작했으며, 다른 한편에서는 보다 나은 일자리를 찾아 세계를 유랑하는 프롤레타리아의 교환과 여정이 고속화되기 시작했다. 여기에서 '역사적 장소성'을 대체하기 시작한 것은 '운동으로서의 장소성' 혹은 '관계로서의 장소성'이었다.

동시에 각각의 도시공간을 들여다보면, 보안과 관리체제의 지배, 군사화되는 경찰의 폭력, 점점 심해지는 오염, 젠트리피케이션이라고 부를 수도 없을 정도로 한없이 파괴에 가까운 개발과정, 도시공간의 세세한 부분들은 말할 것도 없이 개개인의 마음과 신체의 구석구석까지 침투한 상품화와 임대화가 일상의 풍경이 되었다.[3] 지금 우리는 우리의 마음과 신체의 병, 권태, 거부, 행동양식의 비일관성 등 말로는 다할 수 없는 분노와 슬픔, 그 외 온갖 형태로 '인간 파업' 상태 혹은 존재론적 봉기의 상태를 살아가고 있으며, 살아갈 수밖에 없다. 우리는 모두 바틀비[4]이기도 하고, 나자[5]이기도 하다. 이러한 시류 속에서 2011년이 도래했다. 필자에게 있어 이 해는 세계민중봉기와 방사능의 확산이라는 전대미문의 두 사건으로 기억될 새로운 시대의 개막이자 고난과 혁명의 0년이다.[6]

이 0년으로서의 2011년이 오기 전에 '나는 더 이상 『뉴욕열전』을 이어서 쓸 수 없겠구나'라는 생각을 하고 있었다. 망각의 저편으로 보내 버린 과거의 일이라고 생각하고 있었다. 하지만 지금은 생각이 바뀌었다. 이 새로운 시대, 새로운 사태에 직면하면서 민중투쟁의 관점으로, 그것을 역량화하기 위한 도시의 이야기가 다시 한 번 전 세계에서 쓰여야만 한다. '지금 이곳에 있는 연옥'과 이에 대항하면서 '행복'을 창조하려는 사람들의 투쟁은 가장 먼저, 도시를 무대로 행복을 형성하는 것이어야만 한다. 우리 인간존재에게 있어 행복이란 것이 원리적으로 '인간관계'를 통해서만 구현될 수 있는 것이라면, 그 첫 번째 실마리는 물질이자 운동으로서 도시공간, 그리고 거리에 존재할 것이다. 우리의 관계성을 어떻게 형성하고 어떤 방향으로 끌고 나아가는가 ─ 그것은 우리가 도시공간에서, 거리에서, 그것에 대해서 무엇을 할 것인가의 물음과 직결되어 있다.

일본 열도 동부의 도시들에서는 사람들이 더 이상 자연에서 숨을 쉬는 것도, 돌아다니는 것도, 비를 맞는 것도 불가능해진 것, 뉴욕의 월스트리트 중심에서 사람들이 공원을 점거하고 자율공간을 구축하려 한 것 ─ 전혀 다른 이 두 사태는 동일한 하나의 '세계도시'ecumenopolis 7가 지니는 현실의 일부이다. 이러한 양극 사이에서 사람들이 행복을 창조한다는 것은 도시공간의 새로운 용법을 발견하고 거기서부터 가능할 새로운 인간관계를 구축한다는 것과 같은 의미이다. 이 경우 '행복'이란 이미 우리가 지금까지 오랫동안 배워 온 개인주의를 바탕으로 한 '성공의 계단을 밟아 오르는 것'과는 다른 궤도에 있다. 기본적으로 더욱 단순한 것, 요컨대 타자와 더불어 살아가는 것이다. 덧없이 아름다운 삶의 시공간에서 고난, 슬픔, 분노, 기쁨, 그리고 싸움을 타자와 공유하는 것이다. 이를 위해서는 전혀 새로운 주체화, 복수화로서의 그리고 횡단성으로서의 주체화가 필요하지만 그것은 이미 지구 각지에서 형성되기 시작하고 있다. 그 주체들이 도시들의 공명과 민중투쟁의 공진을 만들어 내고 있다.

　도시는 물질적인 동시에 비물질적인 현상이다. 그곳에는 복수의 시간과 공간이 교차하고 있다. 그것은 과거로부터 미래를 향해 계속해서 이동하는 사람들의 관계성의 물질화이며, 그 새로운 형태를 창조하는 가능성의 공장이기도 하다. 도시는 국가와 국가의 관계, 자본의 교환관계가 지배하는 장이지만, 그와 동시에 그것들이 고수하는 분단을 넘어 계속해서 횡단하는 이주민의 도시 간 교통 또한 틀림없이 존재한다. 덧붙여 이러한 사건의 총체, 혹은 '세계사적 과정'이, 평상시에는 무의식 속에 잠자고 있을지언정 확실히 '지구라는 운동'에 기대어 그것과 융합

하며 연결되고 있다. 근래 대기의 온난화, 그리고 인간적인 여러 장치들의 확장으로 인해 촉발된 '재해'의 거대화는 무엇보다도 도시적 사건, 즉 재난의 경험으로서, 그리고 그 후 상호부조적 실천의 형성으로서 이 무의식을 의식의 표면으로 돌려보내기 시작하고 있다. 그러한 의미에서 도시는 세계사와 지구운동이 접촉하는 사건을 예전보다 더욱 극적으로 상연하기 시작했다. 이처럼 모든 의미에서 도시는 우리 모두의 연옥이며, 전장이며, 행복의 실험실인 것이다.

앞으로 계속해서 쓰일 '도시열전'은 세계 각 도시의 목소리의 집합이 될 것이다. 그것을 쓰는 사람이 필자일 필요는 물론 없다. 그것은 도시에서 싸우고 있는 모든 민중의 작품이 될 것이다. 바로 이러한 의미에서, 우리가 사랑하는 도시 서울에는 도시공간과 인간관계의 해방이라는 주제를 겹쳐 싸우고 있는 많은 지식인과 활동가 들이 있다. 필자는 이 책을 그 벗들을 포함한, 한국의 여러 도시에서 싸우고 있는 모든 사람들의 분노와 슬픔을 위해 바치고 싶다.

마지막으로 이 책을 포함해 필자가 쓴 뉴욕/도시론 시리즈 세 권을 모두 출판해 주신 갈무리 출판사 분들께 진심으로 감사한다. 그리고 무상無償의 사랑으로 『유체도시를 구축하라!』와 이 책을 번역해 준 디디, 소량, 하지메에게 커다란 존경의 마음을 표하고 싶다.

『나자』의 작가 앙드레 브르통의 생일인

2013년 2월 19일 뉴욕에서

이와사부로 코소

차례

한국어판 서문 : 도시적 연옥과 행복 5

해제 : 죽음을 향해 가는 도시 사이로 거리는 어떻게 반복하여 되돌아오는가? 이진경 15

프롤로그 29

2006

  1 도시의 언어에 대하여 41

  2 도시공간과 예술 45

  3 도시 속의 시 52

  4 보행자도시, 자동차도시, 자전거도시 57

  5 이민국가 미국의 허위 64

  6 예술 · 정동노동 · 사회운동 69

  7 오사카에서 뉴욕으로 75

  8 세계의 고동을 듣다 81

  9 뉴욕의 영어 86

 10 미래주의의 폐허로부터 92

 11 〈민주사회를 위한 학생연합〉의 재건에 대하여 98

 12 와하까와 뉴욕을 잇는 것 105

2007

 13 되살아나는 9·11 직후의 광경 111

죽음의 도시
생명의 거리

14 역사적 숙명에 대항하기 117

15 권력 또한 꿈을 꾼다 123

16 지성과 문화의 탈젠트리피케이션 128

17 진보적인 '몽상의 정치'는 가능할까? 135

18 지구적 정의의 계보 141

19 공포에 의한 정치 145

20 센트럴파크라는 장치 151

21 허드슨강의 글로벌한 시 157

22 뉴욕 이후의 도시모델 163

23 이론과 정치의 한계에 대해서 170

24 멍청이들의 벽 175

2008

25 두 개의 아메리카의 투쟁 181

26 CNN, FOX 186

27 부동산 예술의 출현 191

28 포틀랜드에서 뉴욕을 보다 197

29 대통령 선거의 악몽 204

30 끝없이 회귀하는 경찰의 가혹행위 211

31 지구적 밀집, 공생, 그리고 상호부조 217

32 브룩클린의 2008년 반G8운동 보고회 223

33 두 개의 국민선거 228

34 간극에서 보이는 새로운 시대 235

35 아메리카 교외의 슬픔 241

36 불의 강을 건너라! 247

2009

37 뉴스쿨 조반유리(造反有理) 253

38 가치들의 가치전환 258

39 우리는 보통의 삶을 긍정할 수 있는가? 265

40 멜빌의 회귀 271

41 지금 정치의 구멍 속에서 엿보이는 것 276

42 복수의 아메리카합중국 국가(國歌) 282

에필로그 : 비판적 범주로서의 도시 288

지은이 후기 305
옮긴이 후기 307
후주 316
인명 찾아보기 332
용어 찾아보기 334

죽음을 향해 가는 도시 사이로
거리는 어떻게
반복하여 되돌아오는가?

이진경

렘 콜하스는 『정신착란의 뉴욕』[1]을 통해 뉴욕이라는, 어쩌면 20세기의 상징적인 도시가 되어 버린 도시에 대해, 그 도시의 마천루와 그 옆의 코니아일랜드에 대해 '애정 어린' 선언문을 쓴다. 그로 하여금 대도시에 대해 이렇게 천착하게 했던 것은 필경, '68'이란 숫자로 표현될 어떤 '시대감정' 속에서 도시에 대해 연구했던 아방가르드들이었을 것이다. 저널리스트였던 그를 건축학교로 가게 만들었던 것은 상황주의자였던 콘스탄트 니우벤후이스였고, 그가 건축을 배웠던 것은 〈아키그램〉이 주도하던 런던의 건축학교 AA에서였다. 또 사실상은 건축 자체를 비판하는 지점으로까지 나아갔던 슈퍼스튜디오나 도시를 '절단

하여' 전혀 다른 기능으로 전용하고자 했던 기 드보르 등 상황주의자의 반기능주의적 구상, 그리고 공장과 슈퍼마 켓이란 모델 주변을 맴돌고 있는 미래도시의 전망 속에서 동질화되고 획일화된 정크 스페이스를 포착했던 〈아키 줌〉 등 1960년대를 만들어갔던 아방가르드의 혁명적 사 유 속에서 그는 도시에 눈을 돌리게 되었던 것 같다. 〈대 탈출 : 자발적 감금자〉라는 인상적인 제목의, 뉴욕 전체를 거대한 구조물로 둘러싸 새로운 것으로 바꾸어 버리겠다 는 초기의 불가능한 꿈은, 이런 아방가르드의 눈을 통해 그가 도시를, 세계를 보게 되었음을 시사한다.

어차피 현실을 초과하게 마련인 게 꿈이고 유토피아 지만, 자본주의와 근대 도시에 대한 분노에 의해 증폭된 도시적 몽상은 견고하기 이를 데 없어 보이는 건축물들과 대조되는 순간 쉽게 무너지게 되는 듯하다. 사실 그 몽상 은 부재하는 세계에 대한 꿈이기에, 현실 속에 존재하는 삶에 눈을 돌리는 순간, 금방 사라지기 십상인 그런 꿈이 다. 그 와해된 꿈의 자리에서, 있는 그대로의 현실을 직시 하고 그것을 긍정하는 것에서 시작하려는 발상이 싹트는 것을 대체 누가 비난할 수 있을까? 나는 콜하스가 '정신착 란증'에 빠진 도시에 애정을 갖고 그것을 위해 대신 선언 문을 써 주겠다고 했던 발상을 이런 방식으로 이해하고 싶다. 또한 와해된 혁명의 꿈을 잔해처럼 가슴에 안고 지극히 이질적인 사람들이 더없이 밀집되어 사는 '지저분한' 뉴욕의 거리에서 뉴욕을 주인공으로 하는 '열전'을 쓰게 되었던 이와사부로 코소의 문제의식을 이런 방식으로 이해하고 싶다. 코소의 『뉴욕열전』과 『유체도시를 구축하라!』, 그리고 『죽음의 도시, 생명의 거리』는 뉴욕이란 도시로 하여금 말하게 하려는 시도라는 점에서 콜하스의 『정신착란의 뉴욕』과 유사한 성격을 갖는 것처럼 보인다.

그런데 도시를 보는 방식의 차이는 도시가 '건네는 말을 듣는' 방식의 차이로 이어지고, 그것은 도시로 하여금 말하게 하는 방식의 차이로 또 다시 이어진다. 확실히 이런 점에서 콜하스는 어쩔 수 없는 건축가였다. 도시를 건축물을 통해 이해하고, 어떤 건축물을 지을 것인가, 어떤 도로를 만들 것인가라는 질문을 통해 사고하고 어떤 식으로든 건축물을 짓는 실질적인 작업을 해야 하는 직업적 지위는 도시를 건축물들을 통해 이해하게 하는 것 같다. 비록 도시가 단지 건축물의 집합이 아니라 사람들이 사는 공간이며 삶의 과정이 진행되는 공간임을 염두에 둔다고 해도, 건축가가 건축물을 통해 도시를 이해하는 것은 피할 수 없는 일인 것이다. 그러나 바로 그 즉시 잘 알고 있던, 혹은 적어도 그렇다고 믿고 있던 그 도시의 대중들은, 거리를 오가고 만나며 때론 싸우고 때론 함께 웃는 삶은 건축물 뒤로 사라져 버린다. 르 코르뷔지에의 '빛나는 도시'는 이를 아주 극명하게 보여준다. 도시란 조각품처럼 멋진 건축물들의 집합일 뿐이다. 그의 도시 속에는 사람이 보이지 않으며, 그가 만들어 주려는 도로는 사람이 걸어 다닐 수 없는 도로였다. 이런 이유 때문에, 나는 도시에 대해 가장 많이 말을 하지만 도시를 이해하는 데 가장 빈번하게 실패하는 사람들은 어쩌면 건축가가 아닐까 하는 생각을 종종 한다.

물론 콜하스의 책에 사람이 없다거나 삶이 없다고 할 수는 없다. 그러나 가령 그가 1931년 만들어진 뉴욕의 38층짜리 다운타운 운동클럽에 대해 쓸 때, 그는 그 건물의 각 층에서 벌어지는 일과 사람들에 대해 주목한다. 스포츠클럽에서 권투를 하다가 9층에 가서 글러브를 낀 채 생굴을 까먹는 것 …… 그 건물은 그렇게 이질적인 방과 삶이 공존하는 공간인 것이다. 수직적 구조 속에 밀집됨으로써 고도로 응축되는 그런 이질적인 삶의 집합. 그는 여기서 맨하튼의 잠재성이 최대한 발휘되는 것이라고 보면서, 이를 러시아 구축주의자의 개념을 빌어 '사회적 응축기'라고까지 말한다. 콜하스는 이질성이 공존하며 응축되는 이런 구조를 옆으로 벌려 놓는 것만으로 '해체적인' 공원을 만들 수 있다고 생각한다. 파리의 라 빌레트 공원을 위한 그의 계획안이 바로 그것이었음은 잘 알려진 사실이다.

이러한 고찰이 보여 주는 것은, 건축을 통해 혁명의 응축기를 만들고자 했던 러시아 구축주의자들에게조차 사람들의 삶은 건축물의 물리적 효과에 의해 규정되는 종속변수였을 뿐이라는 사실인 것 같다. 즉 건축가는 도로와 건축물을 만들고, 그 물리적 환경의 제약과 규정 속에서 사람들은 살아가게 되리라는 것이다. 나는 이것이 건축을 삶의 문제로 생각하고자 했던 혁신에도 불구하고 구축주의자들이 실패했던 중요한 이유 중 하나라고 생각한다. 물론 혁명 없는 응축을 생각했던 콜하스로서는 실패할 것도 없었다. 어떻게 건물을 짓던 건축주나 개발업자, 혹은 상인들은 자기 내키는 대로, 아니 돈 되는 대로 사용할 것이고, 그렇게 하여 이질적인 것이 공존하는 도시적 삶이, 아주 밀집되고 응축된 힘을 갖고 만들어질 테니까. 이 경우 건축가가 할 일은 별로 없다는 아이러니가 발생한다. 이런 식으로 도시적 삶을 만들어 가는 사람들의 힘을 부각시키려 했던 것일까? 그러나 그건 좋게 보아도 상업주의적 아나키즘 이상이 되긴 어려울 것 같다.

뉴욕에 대한 코소의 작업들은 건축가의 이런 관점과 달리 거리를 통해, 거리에서 벌어지는 사건들, 그런 사건을 만들고 그 사건 속에 휘말려 들어가는 민중들을 통해, 스스로 그 거리의 삶을 살아가는 민중의 관점에서 뉴욕이라는 도시를 본다. 이 경우 가령 동일하게 '밀집'에 대해 말할 때에도 그것은 사람들이 모이는 것 자체가 갖는 잠재적 힘의 생성으로 포착된다. 도시의 힘, 그것은 바로 이런 대중적 밀집이 갖는 힘에서 나오는 것이고, 이런 점에서 그 밀집은 그 자체로 '공통의 부'commons라는 것이다.

이는 가령 '홍대앞'이라고 불리는 거리를 떠올려 보면 쉽게 이해할 수 있는 말이다. 홍대앞이 사람들을 불러들이는 것은 거기에 멋진 건물이나 강력한 응축효과를 갖는 높은 건물이 있어서가 아니다. 그런 거라면 용산역 앞 대로에도 있고, 송도 국제도시에 가면 더더욱 많다. 그러나 그것은 사람들을 불러들이지 못한다. 혹은 분위기 좋은 카페나 술집이 많아서 그런 것인가? 반대일 것이다. 사람들이 그토록 몰려오기에 돈 들여 멋진 카페나 술집, 클럽이 만들어지는 것일 게다. 사람들이 그렇게 모여들지 않으면 그런 상점들은 곧바로 문을 닫고 거리는 황량해진다. 그렇다면 무엇이 대중을 끌어들이는가? 사람들의 관심을 끄는 어떤 활동이 거기서 벌어지고 그 활동에 이끌려 사람들이 모여들며 그렇게 모여드는 사람들 앞에서 나름의 재능을 표현하고자 하는 이들이 모여들며 그것이 다시 사람을 끌어들이는 포지티브 피드백의 과정이 그것이다. 다시 말해 건물들을 사용하는 어떤 활동, 건물들 사이에서, 거리에서 벌어지는 사람들의 활동, 혹은 그런 사람들의 밀집 그 자체가 다시 사람을 끄는 것이다. 그것이 지대를 인상시키고 건축물을 돈 들여 새로 짓게 만드는 것이다.

아이러니는, 코소가 뉴욕의 소호거리에서 발생한 유사한 과정을 통해 예견하게 해 주는 것처럼, 바로 이런 과정이 임대료 상승을 매개로 그 거리에 사람을 끌어들였던 이들을 쫓아내고 그들로 인해 모여들던 사람들을 흩어 놓으며, 그로 인해 결국 멋진, 그러나 텅 빈 건축물만 남는 결과로 귀착된다는 것이다.

이런 점에서 도시를 멋진 건축물이나 기념비적 건축물 같은 '누각'樓閣과 민중들의 삶이 이루어지는 '거리'의 대립 속에서 이해하는 것은 충분히 설득력이 있다. 이항대립에 대한 알려진 비판에도 불구하고, 도시가 단지 건축물의 집합으로, 혹은 조닝된 대지와 자동차가 독점한 도로들의 체계로 이해되는 일반적인 경향을 생각한다면, 이러한 이항적 대립은 도시에 대한 이해를 분명히 한 걸음 크게 진전시키는 것이기 때문이다. 더구나 그것은 건축물에 가려 보이지 않던, 그러나 도시에 생기를 불어넣고 그 도시를 만들어 가는, 사실은 도시 그 자체라고 해야 할 결정적인 성분이기 때문이다. 콜하스의 뉴욕을 읽고 얻은 실망감과 반대로 코소의 책들이 다시 찾아 읽게 만드는 강한 매력을 갖는 것은 바로 이 때문일 것이다.

그런데 그가 이번 책에서 '뉴욕열전'이나 '유체도시'라고 하나의 단어로 명명되던 것에 '죽음을 향해 가는 도시'와 '되돌아오는 거리'를 대비시켜 제목에 달았던 것은, 그

해제 **21**

가 이 도시를 보는 관점에 일정한 변화가 있었음을 보여주는 것 같다.[2] 이는 도시 안에서 진행되고 있는 '누각과 거리의 분리과정'이 거스르기 힘든 힘과 속도로 진행되고 있다는 사실로 요약된다. 이는 건축과 민중, 건축물과 삶, 고정체와 운동체, 자동차와 보행자 등의 수많은 동형적인 대응물들의 대립으로 확인된다. 나아가 그는 이러한 대립이 개별 도시라는 지리적이고 물리적인 영역을 넘어서 메트로폴리스와 메가슬럼의 글로벌한 대립으로 이어지고 있음을 지적한다.

물론 이전의 책을 쓰면서도 그는 이 두 가지 요소의 대립을 잘 알고 있었다. 그런 대립, 그리고 그 대립 속에서 '결국은' 패배하는 경우가 많았지만, 뉴욕을 자동차와 개발업자들의 도시로밖에는 보지 않았던 독재자 모제스에 대한 그리니치빌리지의 투쟁과 성공(이는 제이콥스의 『미국 대도시의 죽음과 삶』[3]이란 책을 낳은 모태였다), 혹은 〈태양의 집〉이나 수많은 스콧터들의 장기간 점거나 '승리' 등은 누각과 거리의 민중이 좋든 싫든 부딪치고 대결하고 하나의 도시 속에서 공존하는 것이 아직은 가능했던 것과 달리, 이제는 가속화된 젠트리피케이션의 속도, 그리고 그것을 추동하기 위한 행정가와 경찰들의 발 빠르고 폭력적인 개입이 전면화되고 있다는 점이 반복하여 지적된다.

그 결과 뉴욕은 '투자게임의 대상으로서 메트로폴리스

중심부에 세워진 수많은 "누각"들은 사용가치를 박탈당한 무인공간이 되었고, "거리"는 점점 더 중심에서 멀어져 변두리로 이동하면서 어쩔 수 없이 흘러 다니고 있다. 민중적 생활권, 보헤미아, 다운타운은 맨하튼섬을 떠나 브룩클린, 브롱크스 등 변두리를 향해 원심적으로 확산되고 있다.' 더불어 '누각을 방위하고 거리를 통제하는 "보안문화" 혹은 무관용 정책이 중심부를 점령해 갔다. 경비원만 있는 텅 빈 건물이 급증하고 거리는 그로부터 점점 더 멀리 흩어져 갔다.'

　이러한 경향은 심지어 자동차 도로와 젠트리피케이션에 대항하는 투쟁에 승리했고, 그 속에서 '거리'로서 도시를 생각하고 만드는 법을 발견하여 도시에 관한 새로운 '고전'을 만들어 냈던 제인 제이콥스'의' 그리니치빌리지도 크게 바꾸어 놓았다. '현재 그리니치빌리지 지구의 보도에는 누각 — 요컨대 낡은 거물, 장기 거주자, 화랑, 소규모 부티크, 고급식료품점, 민속풍 레스토랑 등 — 이라는 의미에서 도시적 '본래성'authenticity이 남아 있긴 하지만, "거리의 사회성"은 완전히 사라졌다. 결국 그 곳은 젠트리피케이션 이후의 백인중산계급의 회고적 취미를 대변하는 공간 그 이상도 이하도 아닌 것이다. 안타깝게도, 맨하튼의 다운타운에 남아 있는 것은 건축일 뿐 민중들의 사회적 상호관계성의 공간적 생산은 붕괴했다.' 공동화된 도시, 사람들의 삶이 쫓겨난 도로들, 이는 도시에 공동화로 표상되는 죽음의 대기가 확산되고 있음을 뜻한다. 이것이 도시가 점차 죽음의 공간으로 되어가는 내포적 양상을 표시한다면, 이런 도시의 거대한 확장은 죽음의 공간의 외연을 확장하는 것을 뜻하는 것이라고 할 것이다. 코소가 '도시의 죽음'과 구별하여 '죽음을 향해 가는 도시'라고 했던 것은 지금 더욱더 강하게 부상하고 있는 이런 도시의 경향을 지칭한다.

물론 그에 대한 민중의 대응이 사라진 것은 아니다. 그러나 그 양상은 크게 달라졌다. 두드러진 것은 스콧이 불가능해진 그 자리에, 점거occupation가 대신 들어서고 있다는 사실이다. '하부구조의 불완전함과 시와 경찰에 의한 강제퇴거로 인해 그들의 점거행위는 지극히 단기간 가능했을 뿐 주거행위로 이어지지 못했다. 이러한 현재진행형의 위기상황에서 정주를 전제로 한 스콧은 어디까지나 지하underground에서 이루어질 수밖에 없다. 스콧은 공개되자마자 그 자리에서 강제로 퇴거된다. 이에 대응하는 가능한 직접행동은 정주라는 슬로건을 버리고 일시적인 점거행위occupation를 벌이며 이를 (가능한 한) 확대/연쇄시키는 것이다.' 이런 방식으로 거리는, 거리의 민중은 되돌아오고 있는 것이다. 이후 월스트리트 점거로 시작된 오큐파이 운동은 이러한 새로운 경향이 전면적으로 확대된 것이라고 할 것이다. 이는 오큐파이 운동 이전에 오큐파이가 새로운 행동의 방식으로 등장하고 있음을 지적한 이 책의 정확한, 그렇기에 예언적일 수 있었던 통찰력을 보여준다.

도시를 둘러싼 대립이 메트로폴리스와 메가슬럼의 대립으로 변화된 새로운 조건에서 코소는 민중 자신이 도시적인 존재를 넘어서 '간도시적인 존재'가 되어 가고 있다고 말한다. 비어 가는 건축물들의 시각적 대상들로 채워진 도시, 거리마저 점차 축소되고 있는 도시에 대해, 민중들은 도시 안에서 벌어지는 상이한 운동들 간의 연대와 결연을 통해 도시들 간의 네트워크를 형성하고 있으며, 이를 통해 간도시적이고 간운동적인 새로운 종류의 정치를 시험하고 있는 것이다. 도시 사이에서 진행되는 이 '간도시적 운동'은 '도시와 도시 사이에서 도시와는 다른 공간 즉 간도시적間都市的 공간을 형성하는 운동'이지만, 그것은 사실 새로운 방식으로 '도시를 형성하는 운동'이다. 왜냐하면 코소가 보기에 도시란 건축물의 집합이기 이전에, 사람들의 집적에 의해 만들어지는 것이고, 그런 집적 속에서 출현하는 새로운 관계들, 그리고 그 관계 속에서 벌어지는 새로운 사건들의 집합이 만드는 것이기 때문이다. 보이는 도시들 사이에 보이지 않는 새로운 유형의 도시가 형성되고 있는 것일까? 그것은 언제 어떤 방식으로, 어떤 모습으로 우리 눈앞에 출현할 것인가?

하지만 코소는 여기서 대립·투쟁의 모델보다는 절충, 협조, 심지어 야합마저도 불사하는 '얽힘의 모델'이 새로운 이 도시의 운동에 적합할 것이라고 생각한다. 선명한 대립과 투쟁, 그것을 통해 획득되는 새로운 통제의 권력이 사실은 낡은 것을 반복하여 끌어들이기 마련이라는 역사의 교훈을 잘 알기 때문일 것이다. 아니, 도시라는 것 자체가 언제나 누각과 거리가 대립하긴 하지만 누각 없이 거리만 있는 도시란 있을 수 없는 것처럼, 서로 상반되는 힘과 에너지가 얽히고설켜 만들어지는 게 도시라고 믿기 때문일 것이다.

이런 얽힘을 위해 그가 생각하는 방향은 우디 거스리의 유명한 노래에서 따온 '이 땅은 너의 땅'이란 슬로건이다. '이 땅은 나의 땅'이란 관념이 거리의 민중을 쫓아냈지만, 또 다시 반대자들을 쫓아내는 것 역시 '이 땅은 나의 땅'임을 선언하는 것이란 점에서 역설적인 동일성을 가짐을 안다면, 땅과 소유자의 관계를 교착시키고 뒤섞는 저 슬로건이 사실은 더욱 발본적인 지점을 향하고 있음을 이해하긴 어렵지 않을 것이다. 그래, 뉴욕, 아니 미국은 이른바 '인디언'으로 불리는 선주민들의 땅이고, 거기에 새로운 삶의 꿈을 안고 도착한 유럽 이민자들의 땅이며, 노예로 끌려온 흑인들의 땅이고, 아메리칸 드림에 홀려 흘러들어온 아시아인이나 히스패닉의 땅인 것이다. 모두의 땅,

그렇기에 누구의 땅도 아닌 그런 땅, 그것이 그가 생각하는 보이지 않는 도시의 대지일 것이다.

이런 생각은 이제 지구 자체를 향해 나아간다. 모든 인간, 모든 생물의 '공통재산'인 지구, 상호의존적인 공생의 대지, 어느 인간, 어느 생명체보다 선행하지만 그 모두를 받아들여 살게 해 준 '기관 없는 신체' 지구, 그러나 '자기 가족과 자기 종의 번영에 지나친 책임감을 짊어지고 그걸 위해서라면 타자의 파괴조차 주저하지 않는 초남성적 우두머리'들에 의해 파괴되며 전지구적 젠트리피케이션 과정 속으로 몰려가고 있는 지구가 도시와 민중을 거쳐 코소가 새로이 주목하게 된 대상이다. 여기에는 그의 말대로 자신의 고향의 넓은 바다가, 그 바다를 연상하게 했던 잭슨 폴록의 그림이 들어가 앉아 있을 것이다. 도쿄의 지속을 위해선 일본 열도 전체의 3배의 땅이 필요하다는 생태학적 사고도, 결국 지구상의 도시들이 지속하려면 여러 개의 지구가 필요하리라는 한계의 사유도 들어가 앉아 있을 것이다. 원자력 발전소의 붕괴로 끔찍한 재앙의 현행성을 보여 주었던 3·11 이후의 후쿠시마 또한 들어가 앉아 있을 것이다. 이런 식으로 이미 한계를 넘어서 성장해 버린 인간세계의 난감한 미래를 통해, 단지 자연적 생태계의 보존을 꿈꾸는 자연생태학이 아니라, 거대한 시멘트 덩어리로 딱딱하게 굳어져 가며 죽음을 향해 가는 거대도시의 운명적인 힘 사이에서, 그 틈새에 스며들어 틈새를 벌리며 확장되는 액체적인 민중의 힘과 그 힘으로 가동될 새로운 도시생태학을 불러내고 싶은 것일 게다. 이렇게 그는 그가 떠난 영토로 다시 되돌아갈 것이고, 이렇게 우리는 우리가 떠난 대지로 다시 되돌아갈 것이다. 이렇게 거리는 반복하여 다시 도시 안으로 되돌아올 것이다. 지구라는 거대한 신체를 안고.

프롤로그

왜 도시인가?

　도시와 관계를 맺는 것, 도시를 분석하는 것, 도시에 대해 말하는 것 등, 오늘날 도시에 대한 접근은 '장소의 고유성'을 토대로 하되 그것을 넘어서는 차원을 연다. 2006년부터 2009년에 걸쳐 집필한 이 책에서 고찰하고자 한 것 또한 그러한 지평이다. 우리는 장소의 고유성을 바탕으로 사고하고, 장소에 대한 집착—사랑, 소유권, 특권—을 다양한 형태로 북돋아 왔다. 하지만 오늘날 분명한 것은 어떤 장소건 간에 다른 장소와의 역학 관계에 의해서만 형성되고 있다는 차원이며 지평이다. 말하자면 그것은 도시적 사건이 오로지 그 장소의 고유성에 의해 발생한다는 사고방식의 '슬프기도 하고 불가피하기도 한' 붕괴이다. 오늘날 다양한 도시적 사고가 가리키는 것은 아마도 이 붕괴가 가진 양의성 — 장소의 고유성이 파괴되고 있다는 것과 그러한 고유성을 넘어서는 가능성이 열리고 있다는 것 — 이 아닐까?

지금까지 나 스스로가 관계를 맺어온 도시라는 현상의 초점은, 권력, 직장, 가족, 친구, 운동 등 다양한 사회관계가 결속되는 공간적/장소적 집중에 있었다. 여기서 중요한 것은 사람들의 집합 자체가 '공통의 부'commons 1라는 점이다. 그런 관점에서 권력에게도, 자본에게도, 민중투쟁에게도 도시metropolis는 주요한 자원이었다. 고전적인 모델에서 그것은 다운타운이라고 불리는 장소성을 지니며 많은 경우 도시 중추에 위치하고 있었다. 하지만 그러한 사정은 복합적으로 변하고 있다. 시골, 혹은 교외와의 명확한 분리 위에서 정치/경제/문화 활동의 중심으로서 존재했던 고전적 메트로폴리스가 지금은 사방으로 흩어져 사라지고 있다. 경제활동과 노동의 비도시화(주변화)가 진행되고 있으며 그 결과 고전적인 모델에서는 합체되어 있던 '누각'樓閣과 '거리'巷 2간의 분리가 일어나기 시작했다. 여기서 말하는 누각이란 앞으로 계속해서 등장할 거리에 대응되는 개념으로 대규모 건물 및 교통기관 등의 상징적/기반적 시설이다. 그에 반해 '거리'는 사람들의 집합성과 관계성이 최대로 활성화된 상황/장소이다. 누각과 거리의 분리란 대략 다음과 같은 양태를 가리킨다. 도시 중추가 다국적 투자의 대상이 되어 더욱더 상품화되는 한편, 민중의 집합신체는 그로부터 배척당할 뿐만 아니라 특정 장소와의 안정된 관계조차 상실하고 항상적으로 이동해야 하는 존재가 되고 있다. 이러한 상황에서 메트로폴리스는 다른 도시, 다른 장소와의 역학 관계 속에서 자기를 형성하는— 늘 자신 안에 지니고 있던— 성질을 점점 더 뚜렷하게 드러내놓기 시작했다.

이러한 상황을 '죽음을 향해 가는 도시'라고 불러 보자. 그것은 '도시의 죽음'이 아니다. 오히려 언제까지 계속될지 알 수 없는 '죽음을 향해 가는' 과정이다. 그것은 이 세계, 혹은 지구상에서 '도시'라고 불리던 현상이 보다 키메라적인, 아직 이름을 얻지 못한 어떤 현상으로 변용해 가는 과정이다. 그럼에도 불구하고, 혹은 바로 그렇기 때문에 지금 '도시적 사고'는 그 의의를 갖는다. 이 고전적 모델이 해체되고 변용되는 과정에서 비로소 지금까지 도시가 체현해 온 여러 요소들이 우리의 물질적 현실의 절실한 지표로서 나타나고 있기 때문이다. 첫째, 도시는 여전히 일상생활과 그 재생산의 구현으로 존재한다. 그것은 민중에 의한 공동체, 문화, 투쟁의 생산, 그리고 그들이 겪고 있는 온갖 비참함, 빈곤, 질병, 범죄, 불평등을 체현하고 있다. 그래서 도시라는 범주야말로 ― 정치, 사회운동, 이데올로기, 예술, 생태학 등 ― 모든 지향의 시금석인 것이다. 계쟁으로서의 정치/사회/문화 전부가 파괴되고 있는 도시 공간에 응축되어 있다. 바꿔 말하면 '도시'야말로 현대의 윤리적/비판적 범주이다. 우리는 도시적 현실에서 그리고 그 무한한 불순함으로부터 다양한 원리를 공부할 필요가 있다. 그것은 인류로서 어른이 되기 위해서 우리가 얼마만큼이나 존재론적인 다종다양성을 견딜 수 있는가, 그리고 그러한 상황에서 얼마만큼 정치를, 투쟁을 지향할 수 있는가라는 도전이다. 또 마지막으로 도시를 형성하는 운동(혹은 도시와 도시 사이에서 도시와는 다른 공간을 형성하는 운동)을 살펴봄으로써 사람들의 집합과 이동, 요컨대 인류와 지구가 맺고 있는 역학적 관계의 지도를 그릴 수 있다. 글로벌한 사회관계를 형성하는 여러 힘들의 역동적인 배합/배치agencement를 공간적으로 파악하기 위해서는 '죽음을 향해 가는 도시'의 운동을 거울로 삼을 수밖에 없다.

왜 뉴욕인가?

뉴욕이라는 고유명으로 불리는 이 도시는 이러한 상

황을 구현하고 있다. 뉴욕은 더 이상 일찍이 자신이 누렸던 문화/경제의 중심, 혹은 '20세기의 수도'가 아니다. 이제 뉴욕은 오히려 '대도시'metropolis라는 장소적 집합성이 사방으로 흩어진 양태, 키메라적인 변용의 선구이다. 투자 게임의 대상으로서 메트로폴리스 중심부에 세워진 수많은 '누각'들은 사용가치를 박탈당한 무인공간이 되었고, '거리'는 점점 더 중심에서 멀어져 변두리로 이동하면서 어쩔 수 없이 흘러 다니고 있다. 민중적 생활권, 보헤미아, 다운타운은 맨하튼섬을 떠나 브룩클린, 브롱크스 등 변두리를 향해 원심적으로 확산되고 있다.

2008년에 월스트리트에서 일어난 금융위기(경제공황)의 실질적인 요인 중 하나는 부동산담보대출의 남발이었던 것으로 알려져 있다. 그것은 현재 부동산융자의 80퍼센트를 차지하고 있는 '비우량주택담보대출'subprime mortgage의 극단적인 확대였다.[3] 20세기 말에 확장되기 시작하면서 이미 상당한 우려를 낳았던 이 담보대출은, 2007년에 이르러 결국 구조적 붕괴를 일으켰다. 비우량주택담보대출은 '변동금리 모기지론'adjustable rate mortgage이라 할 수 있는데 몇 개의 '지수'에 근거해 이자율이 변동한다. 이자율 변동에 따른 리스크의 대부분을 금융회사가 아닌 대출자에게 떠넘기는 것에 이 프로그램의 본성이 있다. 이는 경제상황을 수치화해서 이자율의 견적을 내는 것이 어렵거나

고정된 이자율을 설정하기 힘든 경우 유효하다는 명목 아래 도입된 제도이다. 계약금이 낮다는 것은 대출자에게 큰 이점이지만 이자율의 상승은 곧장 위기적인 상황으로 이어진다.

뉴욕(및 그 외 미국의 대도시)의 '비우량주택담보대출'에는 일종의 잔혹한 역사성이 새겨져 있다. 이러한 프로그램이야말로 인종(계급)차별의 도시공간적 표현이었던 것이다. 〈NAACP〉(〈전미 유색인종 지위향상 협회〉)가 오랫동안 항의해 왔지만 미국 대도시에는 '융자거절지대'redlined zones로 불리는 '장소'가 존재해 왔다. 이는 금융기관이 흑인과 히스패닉계 주민의 거주구에 부여한 가치적 차별의 지표인 셈이다. 이러한 장소의 지정이야말로 이른바 게토라고 하는 지역성을 고정시켰다고 일컬어진다. 그리고 이러한 지구의 주민들이 주택을 구입하고자 할 경우 금융기관이 허가하는 유일한 융자가 바로 대출자에게 위험이 큰 '비우량주택담보대출'이었다.

미국에서 부동산버블로 인해 부동산 가격 상승이 정점에 달한 것은 2006년이다. 그 이후 부동산 가치는 단숨에 하락했다. 이에 따라 이자율은 급상승했지만 대다수의 대출자들(민중)은 '재융자'refinance로 대응하는 것이 불가능했다. 빚을 갚지 못한 사람들이 결국 저당 잡힌 집을 빼앗기고 주거를 상실하는 것이 2008년의 금융공황 전후의 일상적인 도시풍경이었다. 신자유주의적인 자본주의의 붕괴와 동시에 진행되고 있었던 것은 도시공간으로 회귀한 '벌거벗은 권력'이다. 누각을 방위하고 거리를 통제하는 '보안문화' 혹은 무관용 정책이 중심부를 점령해 갔다. 경비원만 있는 텅 빈 건물이 급증하고 거리는 그로부터 점점 더 멀리 흩어져 갔다. 현재 뉴욕의 대다수 주민은 도시 변두리에서조차 주거 난에 시달리고 있으며 항상적인 이동이 불가피하다.

이러한 '죽음을 향해 가는 뉴욕'은, 제인 제이콥스(1916~2006)가 일찍이 제창했던 다운타운에서의 이상적인 근린 공간의 상실을 의미한다. 그간의 뉴욕/도시론에서 몇 번이나 다루었듯이 제이콥스는 1960년대 초반, 자동차교통을 우선시한 개발에 대항하여 싸운 뉴욕 도시민중운동의 주인공이자 민중적 도시론의 선구자였다.[4] 그녀는 1960년대 후반 뉴욕을 떠나 캐나다 토론토로 이주했으며, 문명/문화에 대한 비관적인 예측을 엮은 『암흑의 시대 앞에서』[5]을 저술한 후 2006년에 세상을 떠났다. 그녀의 대표작인 『미국 대도시의 죽음과 삶』[6]에서는 자신이 자란 그리니치빌리지를 모델로 하여 다종다양한 거주민들이 만나는 공간인 '보도'sidewalk의 자기관리기능을 분석하고, 근린공간의 유기적인 재생산ecology을 강조했다. 그러나 최근에 샤론 주킨이 지적하고 있듯이 현재 그리니치빌리지 지구의 보도에는 누각 — 요컨대 낡은 건물, 장기 거주자, 화랑, 소규모 부티크, 고급식료품점, 민속풍 레스토랑 등 — 이라는 의미에서 도시적 '본래성'authenticity이 남아 있긴 하지만, '거리의 사회성'은 완전히 사라졌다. 결국 그곳은 젠트리피케이션[7] 이후 백인중산계급의 회고적 취미를 대변하는 공간 그 이상도 이하도 아닌 것이다.[8] 안타깝게도, 맨하튼의 다운타운에 남아 있는 것은 건축일 뿐 민중들의 사회적 상호관계성의 공간적 생산은 붕괴했다고 말할 수밖에 없다.

그뿐만이 아니다. 제인 제이콥스 이후의 차별적 도시개발 — 요컨대 젠트리피케이션 — 에 의한 가혹한 상황 속에서 1990년대까지 뉴욕 도시운동을 주도해 온 '스콧'이 종료되고 만 것에 주목해야 한다. 스콧은 제인 제이콥스가 말한 차별적 도시개발에 의해 (혹은 그 이전부터) 근린공간으로부터 제외되었던 민중의 직접행동으로서, 정주공간을 찾아 근린공간의 자기재생기능ecology을 구축하는 '커뮤니티 가든 운동'과 연동되어 실천되었다. 이는 '도시에 대한 권리'를 요구하며 '도시적 민주주의'를 쟁취하는 매우 중요한 투쟁 양식이었지만 이조차 붕괴되고 있다.

'스콧'은 특정 장소와 건물을 대상으로 하는 운동이다. 오랜 기간 동안 시市정부와 교섭하여 건물이나 공터의 사용권을 획득한 몇몇 사례가 남아 있지만, 대부분의 스콧

사례들은 다양한 국면에서 사라져 갔다. 게다가 1990년대 후반 이후 이미 도시적 투쟁의 주류적인 양식은 특정 토지나 건물에 장기간 거주하는 것, 혹은 그 사용권을 획득하는 것이 아니라 일시적으로 출현했다가 사라지는 것이다.9 거주공간을 찾는 민중운동조차 이제 슬로건에 불과할 뿐 목표로 설정될 수는 없다. 공간에 관한 다양한 법규와 보안체제강화가 이러한 운동을 점점 더 어렵게 만들었다. 예를 들어 과거 2, 3년간 뉴욕에서 주거지를 상실한 사람들의 직접행동을 조직해 온 연합조직 〈노숙자들을 보라〉는, 경제파탄의 원흉인 주제에 국가에 의한 '특별구제'bailout로 연명하고 있는 대★은행이 사용하지 않은 채 보유하고 있는 빈 건물과 공터에 대한 '점거행동'occupation을 끈기 있게 시도해 왔다.10 하지만 하부구조의 불완전함과 시와 경찰에 의한 강제퇴거로 인해 그들의 점거행위는 지극히 단기간 가능했을 뿐 주거행위로 이어지지 못했다. 이러한 현재진행형의 위기상황에서 정주를 전제로 한 스콰트은 어디까지나 지하underground에서 이루어질 수밖에 없다. 스콰트은 공개되자마자 그 자리에서 강제로 퇴거된다. 이에 대응하는 가능한 직접행동은 정주라는 슬로건을 버리고 일시적인 점거행위occupation를 벌이며 이를 (가능한한) 확대/연쇄시키는 것이다.

　유래 없이 비장한 상황이다. 그러나 동시에 여기에는

일종의 사고/개념의 전환이 진행된다. '불법점거'squat로부터 '점거행동'occupation으로의 방향전환이다. '불법성'을 '재긍정'하는 것으로서의 스콧이 아니라, 어디까지나 '당연한 행위'로서의 점거이다. 요컨대 이 직접행동은 이제 노숙자라 불리는 특수화된 인구나 그들을 지원하는 운동조직을 위한 행동지침initiative을 넘어선다. 점거는 그 행위가 노숙자를 주체로 한 스콧운동의 경험을 계승하는 동시에 부동산 거품의 붕괴(공황) 이후 금융계의 범죄적 행위에 의해 거주공간을 잃어버린, 혹은 거주가 위태로워진 폭넓은 민중 모두의 주장이 되어야 한다는 인식을 잉태하고 있다. 이는 전 세계에서 일어나고 있는 학생운동이 학교 건물의 '점거행동'을 주축으로 삼는 것과도 공명한다.[11] 이러한 행동양식에서 엿보이는 지평은 '점거'라는 행위의 사회적 영역 전체로의 확대이다. 그러나 이러한 방향성이 도시적 맥락에서 어떻게 전개되어 나갈 것인가는 확실하지 않다.

세계도시의 지평

여러 가지 의미에서 우리는 '장소에 대한 집착'을 버릴 수 없다. 그러나 동시에 우리는 사랑의 대상으로서의 장소를 형성하는 힘들이 점점 더 빠른 속도로 이동하는 상황을 살아가고 있다. 할렘에 가면 지금도 '말콤 X 대로'[12], '마커스 가비 공원'[13], '티토 푸엔테 길'[14] 등의 지명이 이 땅에서 벌어진 영광의 역사를 이야기하고 있다. 하지만 그 역사를 만들어 낸 민중의 사회적 집합성(=거리)은 이 장소에서 더 이상 어떤 힘도 갖지 못하고 있다. 그것은 어디로 가버린 것일까? 사람들은 이동하면서 거리를 만든다. 그리고 어떠한 형태로든 그 증표를 누각에 남기고 사라져 간다. 따라서 '장소'는 '거리'와 더불어 이동한다고 말할 수 있을 것이다.

내가 이 책에서 '뉴욕'이라고 말할 때, 거기서 엿볼 수 있는 지평은 이 도시의 누각을 역사적으로 구축해 온 세계민중의 이동의 궤적(밖에서부터 안으로)이며, 미국경제를 지탱하고 있는 노동력의 궤적(밖에서 안으로)이며, 그것을 구동하는 자본의 운동의 궤적(안에서 밖으로)이며, 그것을 지탱하고 있는 군사개입의 궤적(안에서 밖으로)이다. 이러한 궤적은 거대한 도시 간의 네트워크, 즉 '세계도시'를 형성하고 있다. 지금부터 우리가 '도시'라고 말할 때, 거기에 언제나 출현하는 것은 이러한 세계도시와 그것을 밑에서부터 형성하고 있는 민중의 투쟁이다.

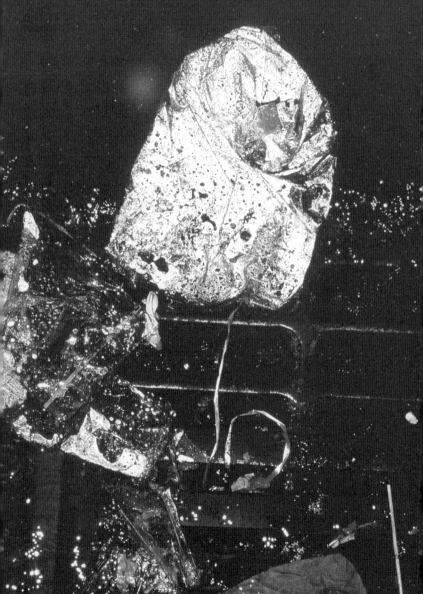

2006

1

도시의 언어^{logos}에 대하여

'도시'에 대해 말하는 것은 '세계'에 대해 말하는 것과 어딘가 비슷하다. 세계를 분석하기 위해 고안하고 다듬어 온 다양한 개념들이 그 '사고'의 모습을 구체적으로 현시하는 것은 우선 도시라고 불리는 현상에서이다. 그 곳에, '세계'라고 하는, 어디까지나 상상된 전체성이 최초로 부분적으로나마 어떤 구체적인 촉지가능성으로서 제시된다. 하지만 그러한 '도시'조차 무수한 힘이 교차하면서 겹겹이 쌓여 있는 착종체이기에 그 영역은 최종적으로 확정하기 어렵다. 그곳에 일정한/구체적인 '말하는' 주체를 상정하는 것은 끝내 불가능하다. 그렇다면 그러한 도시의 '언어'를 포착하는 것은 가능할까?

뉴욕에 '언어'를 부여하고자 했던 시도로는 렘 콜하스의 『정신착란의 뉴욕』(1978년)을 들 수 있다. 건축설계에 뛰어들기 전에 쓴 한 권의 책이 이 세계적인 건축가의 이후 행보를 방향 지었다. 맨하튼 개발을 위해 도입된 다양한 논리들은 유럽의 도시 구성 논리와는 전혀 다르다. 각각의 역할에 따라 유형화된 건물 군이 중심에서 주변으로, 즉 계층서열적으로 배치된 유럽의 도시공간은 우아하고 아름답지만 고정적이다. 그에 비해 맨하튼섬은 '광기'를 펼치는 욕동이 가동시킨 개발운동 그 자체였다. 그 운동의 대필자ghost writer를 자임한 콜하스는 통상적인 '설계'design 대신 그 설계를 원리적으로 결정하는 '프로그램'으로 관점을 옮김으로써 '개발/운동'의 언어를 포착하고자 했다. 그 결정체가 바로 1811년에 법제화된 바둑판 모양의 구획, 그리드grid 1이다. 이것은 우선 맨하튼섬의 토지를 순수한 부동산 매매의 대상으로 만드는 장치였으며, 그로 인해 예전부터 그곳에 거주해 온 다수의 커뮤니티가 파괴되었을 것은 상상하기 어렵지 않다. 그러나 콜하스는 이 그리드가 전체주의적인 점유로부터 뉴욕공간을 지켰다고 주장한다. '하나의 블록 — 건축 관리의 대상이 되는 최대한의 구역 — 이 맨하튼이라는 도시적 자아의 최대 단위가 된다.'2 그 후 맨하튼의 이민인구는 증가했고 각각의 블록들은 서로 다른 에피소드들이 경쟁하는 모자이크가 되었다. 무수한 중심이 무수한 언어로 말하는 '도시=메트로폴리스'가 탄생한 것이다. '그리드에 의해 관리와 탈관리 사이에 새로운 균형이 확립되었고, 이 균형 속에서 도시는 일정한 질서와 유동성을 동시에 지닌 존재가 될 수 있었다.' 그곳에서는 방약무인한 자본주의적 개발과 그것을 아래에서부터 지탱하는 세계민중multitude이 아슬아슬한 긴장을 품은 채 공존했다.

하지만 2001년 9·11 이후, 사정은 크게 변했다. 이전부터 진행되고 있던 젠트리피케이션에 더해 국가와 보안사회에 의한 관리와 통제가 훨씬 더 철저해졌을 뿐 아니라, 블록 내부는 점점 더 등질화되어 이제 불균형을 지니며 존재하던 다양성마저 상실하는 경향이 심화되고 있다. 인터넷에 배포된 논문 「다중과 메트로폴리스」[3]에서 이탈리아의 철학자 안또니오 네그리는 포스트포드주의적 경제체제에서 대중이 좁은 의미에서의 '노동현장=공장'에서부터 탈출하여 사회공간 전체로 퍼지며 새로운 대중상='다중'multitude을 형성한다고 하며, 콜하스의 '메트로폴리스'를 이러한 새로운 대중상에 대응하는 도시공간으로 파악하고 있다. 그러한 메트로폴리스는 이전의 '도시 중심부'보다 훨씬 강력한 '도시적 공생'의 공간을 제공한다. 그러나 네그리의 관점에서 중요한 것은 계획된 투기로서의 건축적 공간을 넘어서 그 공간을 창조하고 살아가는 민중의

'집합적 신체'가 세계적 네트워크를 형성하는 운동이다. '메트로폴리스'는 '일반의지'general will에 의한 것이 아니라 '공통의 우연성'common aleatoriness에 의해 양성되는 다중 multitude의 힘이다. 그것은 도시공간을 기반으로 하면서도 그곳으로부터 흘러 넘쳐 나와 전 세계에 감각을 둘러치는 운동이다. '9·11' 이후 메트로폴리스='뉴욕'은 균질화되고 있는 맨하튼의 블록에서 벗어나 주변부로 확산되고 있다.

도시에 대해 생각할 때, 우리는 도시를 영속하는 구조, 요컨대 '고정체'stasis로 떠올린다. 그러나 도시에서 계속해서 만들어지고 있는 '일시적인 것'ephemeral으로 관점을 옮기면 도시는 '운동체'dynamia로 보이기 시작한다. 건축은 언젠가는 다시 세워지며, 주민들은 이동한다. 번화가는 쇠락하고, 폐허에는 다시 불이 밝혀진다. 그것은 인류라는 장대한 교통의 중계점이며 그것이야말로 다종다양체로서의 도시, 운동으로서의 도시, 요컨대 '메트로폴리스'의 실체이다. 따라서 도시의 '언어'는 고정체와 운동체의 사이, 장소와 운동의 사이에 존재한다.

2

도시공간과 예술

예술은 도시의 얼굴이다. 파리, 베를린, 모스크바, 각 각의 도시가 그 도시의 예술을 산출했다. 그리고 2차 세계 대전 이후 뉴욕은 바야흐로 뉴욕 예술의 시대를 맞이했다. 각 도시공간에서 '새로운 가치' 창조를 목표로 삼고 있는 예술가들은 값싸게 빌릴 수 있는 작업공간을 찾아 변두리 로 이주했다. 대다수의 경우, 그러한 장소들은 이민이나 노동자의 거주구, 악이 꽃피는 장소, 급진적인 사회/정치 운동의 교차점이었으며, 그러한 장소성이 곧 창조로 이어 지고 있었다. 뉴욕에서 그 장소는 추상표현주의를 탄생시 킨 그리니치빌리지, 개념예술/미니멀리즘이 탄생한 소호, 그 이후의 이스트빌리지이다.

소호에서는 '로프트'라고 하는 **기묘한 현상**이 발생했다. 마을공장이나 창고 등 산업용 건물에 예술가들이 거주하면서 작품을 제작하는 습속이다. 그렇게 함으로써 일반 아파트에서는 불가능한 '거대한 공간'을 얻을 수 있었던 것이다. 애초부터 뉴욕은 디트로이트 같은 대공업 지대가 아니었다. 브룩클린에서 번성했던 조선업을 제외하면 무역, 복식, 과학기술 등의 중소산업들이 이 도시의 노동자를 부양해 왔다. 그러나 1929년 시의 지도자들이 고안해 낸 '탈산업화'라는 장기계획에 의해 이러한 중소산업들은 쫓겨나기 시작했고, 맨하튼섬을 중심으로 도시는 금융, 서비스, 고급아파트 지대로 변화해 갔다. 이러한 추세 속에서 인쇄/섬유업이 사라진 소호는 예술가들에게 그들이 원하는 '공간'을 제공할 수 있게 된 것이다.

미국 예술에서 '작품의 거대화'는 추상표현주의의 단계에서부터 이미 시작되고 있었다. 유럽에서 발전한 원근법적 구상회화, 혹은 내부를 주시하는 추상회화는 대부분 액자에 의해 외부와 분리되며 그 크기 또한 작다. 이에 비해 전후 아메리카에서는 보는 사람의 시선이 옆으로 퍼지는 거대회화가 생산되기 시작했다. 그러한 작품을 취급하는 것은 '거대한 흰 벽'으로 둘러싸인 특권적인 장소에서만 가능했다. 그리고 그것을 일반화시킨 것이 바로 '로프트현상'이다. 그러나 소호에 개입한 초기의 예술가들에게 있어 그 공간을 개발하는 것은 쉬운 일이 아니었다. 건물주를 설득하고, 시로부터 상업용 건물에 거주하기 위한 특별허가를 얻는 등 여러 까다로운 절차들이 필요했으며, 최대의 난관인 자금 확보 문제를 해결한 후엔 심지어 스스로 건물을 개축해야만 했다. (당시 많은 예술가들은 건설관계 노동자이기도 했다). 예를 들어 전위예술운동인 〈플럭서스〉[1]의 중심인물이었던 리투아니아 출신의 조지 마키우나스는 〈플럭스하우스〉Fluxhouse라고 불리는 예술가 협동조합이 경영하는 건물을 몇 개나 만들었다. 창의력과 열정은 물론, 예술 방법론이라는 의미에서도 그의 행위는 '작품'이었다고 볼 수 있다.

그러나 어느 시점부터 이러한 '예술가들의 창조'가 부동산과 개발업자, 시정부에 의해 역으로 이용당하기 시작한다. 1970년대에 재정위기를 겪은 이후, 시정부는 뉴욕을 문화의 도시로 포장해 팔기 위한 전 세계적인 홍보를 시작했으며 그러한 맥락에서, 시민권을 얻은 현대미술은 점차 뉴욕의 얼굴로 인지되었다. 이와 동시에 '로프트'라고 하는 '예술=공간'은 새로운 라이프스타일의 상징이 되었다. 이것이야말로 사용이 중지된 채 골칫거리로 방치되었던 산업용 건물을 재상품화할 수 있는 절호의 기회였던 것이다. 시정부는 급기야 아티스트 인 레지던스라는 카테고리를 만들어 로프트를 법적으로 거주 '가능'한 거주용 건물 리스트에 추가한다. 『뉴욕타임즈』도 '로프트 리빙'이라는 코너를 신설하며 이 흐름에 동조했다. 그 결과 1970년대에는 몇만 달러에 불과했던 로프트가 현재 몇백만 달러에 이르게 되었으며, 예술과 부동산이라는 기묘한 커플이 탄생한 것이다.

현재 전 세계에 퍼져 있는 '현대예술'을 관통하는 단 하나의 원리, 하나의 주요한 조류를 발견하는 것은 어렵다. 그보다는 오히려 현대예술을 다양한 사건의 집합으로 파악하는 편이 좋을 것이다. 현대미술이라는 제도는 회화나 조각뿐만 아니라 각종 미디어, 과학기술, 건축, 라이브 퍼포먼스에 이르기까지, 어떤 사건이 일어나도 이상하지 않은 장이 되었다. 그리고 그곳에 거의 언제나 존재하는 것이 바로 '거대한 흰 벽'이다. 그것은 사건의 토대로서 존재하고 있음에도 불구하고, 혹은 바로 그렇기 때문에야말로 주목을 받는 일이 없다. 그것은 단지 관객의 의식을 외부의 일상으로부터 분리하여 '순수한 시선'으로서 재구성하는 데 있어 반드시 필요한 장치인 것이다. 이것을 '공통의 작품'으로서 '창조'해 낸 것은 예술가들이었다. 물론 '흰 벽'이 '개념'적으로 '창조된 것'은 아니다. 그러나 이것을 도시 공간 안의 물질적 실천으로, 하나의 제도로 결정지은 것은 확실히 '작품행위'였다고 말할 수 있을 것이다. 그리고 자본은 (늘 그렇듯이) 민중이 창조한 것을 자신의 논리로 다시 포장하여 상품화하고 세계에 퍼뜨린다. 그리하여 뉴욕 예술 역사상 가장 급진적인radical '작품'은 관행convention이 되었다.

그렇다면 이 제도의 외부에서 예술은 가능할까?

3

도시 속의 시

혹은 '전야의 시인들'

'낭독회'reading는 뉴욕의 전통이다. 특히 시인들에게 그
것은 늘 '영광스러운 무대'였다. 이러한 전통을 텍스트의
고유세계를 중시하는 프랑스의 '글쓰기'ecriture 전통과 비
교해 차이를 드러내고자 하는 경향이 있다. 한 발짝 더 나
아가 이러한 '작자의 육성에 대한 집착'을 '신의 음성logos
중심주의'와 중첩시키는 경향도 있다. 요컨대 '텍스트'를
보다 원시적인 '소리'의 대체물로 여기고 있다는 비판이
다. 이러한 지적은 원리적으로 말해서 옳다. 그러나 나는
여기서 '소리'가 일종의 '절대적인 가치의 근원'이라기보다
어디까지나 거리에서 벌어지는 사건이라고 생각한다.

급진적인 북미 시인의 계보에는 에머슨이나 소로와 같

은 뉴잉글랜드의 초월주의, 인종적 소수자 시인들의 고유한 전통, 그리고 비트1나 대항문화counter culture계열이 있다. 이들의 계보는 전도preaching, 연설oration, 그리고 선동으로 이어져 온 '사회운동activism의 전통'과 어딘가에서 다시 겹친다. 이들 계보에서 '기원으로서' 빛을 발하고 있는 것은 '작자의 목소리' 혹은 '작자의 퍼포먼스' 그 자체가 아니라, 그것까지 포함하는 차원으로서의 '사회적인 사건'이다. 이러한 의미에서 그들에게 시작詩作은 소리를 동반하든, 침묵하고 있든, 먼저 세계와 자신과의 뿌리 깊은radical 만남을 조직하는 퍼포먼스였다. 이 계보는 '교회'에서 '자연'으로, 심지어 현대 '도시'로까지 그 무대를 이동해 왔지만 그 전선에 서 있는 사람들에게 있어 텍스트와 연설은 제도적으로 분리할 수 있는 것이 아니다. 그것은 분리 앞에 계속 머물러 있는 것이다. 그러한 의미에서 앨런 긴스버그, 패티 스미스, 하킴 베이 등은 명연설가인 엠마 골드맨, 휴버트 해리슨, 말콤 X 등과 끊으려고 해야 끊을 수 없는 관계를 갖고 있으며, 이들은 모두 '사회적 퍼포먼스의 토양' 속에서 등장한 사람들이었다. 그리고 물론 이는 현대의 랩과도 연결된다.

〈라스트 포엣츠〉는 1960년대 후반 할렘의 길거리에 나타난 '시인=음악가=활동가' 그룹이었다. 멤버 모두가, 남아프리카공화국의 인종차별정책apartheid을 피해 할렘에 체재하며 〈흑인작가워크샵〉에서 교편을 잡고 있던 시인 윌리Keorapetse "Willie" Kgositsile의 제자들이었다. 그들의 교사였던 윌리는 본국으로 돌아가기 직전, 그들에게 이런 말을 남겼다.

시간의 자궁 속에서 '그 순간'이 부화할 때, 예술은 입을 다문다. 우리가 들을 수 있는 시詩는 원흉의 골수를 꿰뚫는 창끝뿐이다. …… 따라서 우리야말로 세계의 '마지막 시인'이다.

그들은 이 '마지막 시인'이라는 개념에 대해 계속해서 생각하다가 이 그룹을 결성하게 되었다. 그들은, '미국이 흑인 남성에게 무엇을 해 왔는가? 또 그와 동시에 그들은 자기 자신에 대해 무엇을 해 왔는가?'라는 지극히 냉엄한 질문을 던지며, 억압받아 온 자의 역사를 리듬에 담아 읊조렸다. 그들의 초기 '시=음악'은 '이야기=노래'에 타악기를 더했을 뿐인 지극히 단순한 구성이었지만, 이것이야말로 현재 세계를 석권하고 있는 랩 음악의 전형이 되었다. 이 '이야기=노래' 스타일은 분명히 거리에서 지나가는 사람을 향해 호소하는 '연설'에서 온 것이다. 따라서 그들의 '시=노래'에는 늘 상황의 긴급성이 실려 있었다. 처음 두 장의 레코드 ― 〈라스트 포엣츠〉(1970), 〈디스 이즈 매드니스〉(1971) ― 는 선전도 아무것도 없이 순식간에 백만 장이나 팔렸다. 멤버들은 각기 ― 〈전미 비폭력 학생 조정위원회〉, 〈민주 사회를 위한 학생연합〉, 〈블랙팬더당〉 등 ― 당시의 전투적 운동에 관련되어 있었고, 거의 모두가 어느 시점에는 유치소나 교도소에 갇혀 있었다.

마지막 시인의 '마지막'last이 의미하는 것은 무엇인가? 여기엔 아메리카에서 '맨 끝'에 위치하는 흑인이라는 의미와, 창을 손에 쥐기 전에 '마지막 시'를 읊는 시인이라는 의미가 겹쳐 있다. 동시에 그것은 그들의 문제의식의 형상 figure이기도 했다. 그것은 '극한의 상황 속에서 시를 읊는다'는 것이 무엇을 의미하는가라는 물음은 물론, '시를 가지고 상황과 관계한다'는 결의 또한 포함하고 있었다. 급진적인 시는 사건의 뒤ex post facto에 따라 오는 설화나 해설이 아니라 영원히 사건의 앞ex ante facto에 있는 시 혹은 출전 '전야의 시'여야만 한다는 사상을 담고 있었다. 따라서 그들에게 있어서 '시=노래'는 언제나 사회적 사건이었다. 뉴욕의 뛰어난 '낭독회'에서는 늘 이 '마지막'last의 운율이 메아리치고 있다.

4

보행자도시, 자동차도시, 자전거도시

자동차 면허증을 가지고 있지 않은 인간은 미국에서는 살 수 없다. 하지만 뉴욕만큼은 그러한 '이종'異種들도 생존할 수 있는 도시이다. 역사적으로 보자면, 맨하튼 남단에서 시작된 '걷는 시가지'는 마차의 사용과 함께 브로드웨이를 따라 북쪽으로 연장되었다. 그 후 고가철도, 지하철이 덧붙으면서 시가지는 더욱 확대되었지만 사람들은 기본적으로 계속해서 걸었다. 그곳에 막무가내로 '자동차 교통'을 도입한 것은 바로 로버트 모제스(1888~1981)이다. 제2제정 당시 파리를 대대적으로 개조했던 오스만 남작에 견줄 만한 도시개조의 전제군주로서 모제스는 1930년부터 1950년대까지 장기간에 걸쳐 뉴욕시와 뉴욕주의 개발국을 좌지우지하며 뉴욕 5구와 그 주변에 고속도로와 다리를 건설하고 '자동차 교통을 위한 거대공간'을 만들어 냈다. 이는 미국 전역에서 진행되고 있던 '사회의 자동차화', 요컨대 '다운타운을 죽이고 교외를 생산하는' 운동의 일환이었지만 특히 '악당 모제스'라는 명성이 강하게 남아 있는 것은 그의 계획이 노골적으로 가난한 사람들과 인종적 소수자 차별에 바탕을 두고 많은 커뮤니티를 파괴했기 때문이다.

그는 전후에도 얼마간 영향력을 행사하려 했지만 이번에는 주민들이 가만히 있지 않았다. 1964년에 서로 대립하고 있던 중국계, 이탈리아계, 유대계 민중들이 하나가 되고, 상점주인, 갱, 지식인, 일반시민들이 대동단결하여 공동투쟁 전선을 결성했던 것이다. 덕분에 차이나타운, 그리니치빌리지, 소호 등, 맨하튼의 다운타운은 무사할 수 있었다. 그 연합의 의장직을 맡았던 것은 도시 사상가로서 이름 높은 제인 제이콥스였다. 그녀의 명저 『미국 대도시의 죽음과 삶』에서 그녀는 빈곤이나 비정합성을 안고 있으면서도 독자적으로 발전해 온 그리니치빌리지의 '근접적인 사회성'propinquity을 모델로 하여 '자동차 도시'를 비판하고 있다.

전미 대부분의 도시가 '자동차 도시'인데 반해 뉴욕이 지금껏 '보행자 도시'로 남아 있는 것은 우연이 아니다. 어디까지나 이는 위에서 말한 투쟁의 성과였다. 하지만 '자동차의 공세' 혹은 '교외의 공세'는 지금도 계속되고 있다. 석유=자동차 경제가 통제하는 '미국'은 언제나 뉴욕에 압박을 가해 왔다. 그것은 오늘날 공공공간의 사유화와 동시에 진행되고 있으며, 맨하튼을 완전한 감시체제의 거대한 의사擬似 쇼핑몰로 변용시키려고 하고 있다. 일찍이 공중에게 훨씬 열려 있던 '거리'에 대한 통제 또한 강화되고 있다. 노숙자, 노점상, 자전거 주행자, 스케이트보더, 공원이나 도서관 이용자, 그리고 보행자까지 — 요컨대 모든 '거리/치마타적 존재'가 그 영향을 받고 있다.

이와 같은 상황에서 '거리'를 지키기 위한 최전선에 서 있는 운동 중 하나는 〈크리티컬 매스〉critical mass라고 불리는 집단 자전거 주행이다. 현재 세계 각지에서 벌어지고 있는 이 운동에서 사람들은 매월 마지막 금요일 저녁 7시에 특정 장소에 모여 집단 주행을 한다. 이 집단주행에 '조정자'는 있지만 '지도자'는 없다. 상황에 따라 주행코스도 바뀐다. 참가자가 많으면 많을수록 그 흐름은 강력해져서 보다 장시간에 걸쳐 보다 많은 교차점에서 자동차 교통을 차단한다. 이 '조직된 우연'에서 방법론적으로 필수적인 것은 신호등이 빨간불로 바뀔 때 발진하려는 자동차를 멈춤으로서 동료의 안전을 확보하는 '길막기'corking이다. 이러한 길 막기 전술이 제대로 행해지는

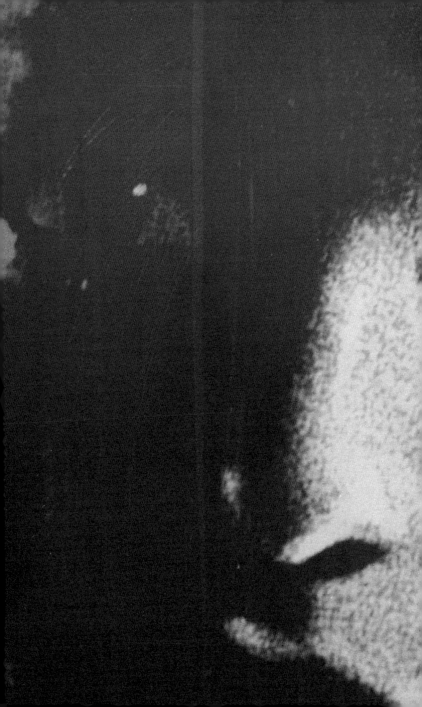

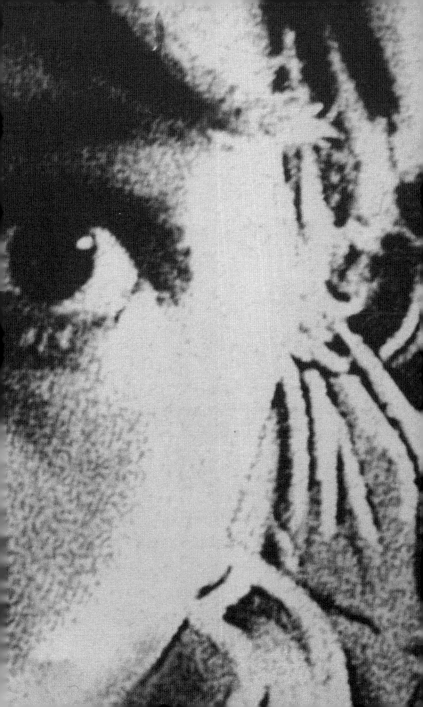

한 전체적인 행진 흐름에는 일체성이 확보된다. 그러나 자동차와의 대립이 생기면서, 집단은 차례로 분산되어 자연 소멸한다. 달리는 민중의 집합 신체가 만들어 내는 생명체와도 같은 이 흐름은 이를테면 이동하는 일시적 자율권을 형성한다.

2004년 8월, 공화당 전당대회를 반대하는 주행에서는 수천 명이 참가해 이날 저녁의 맨하튼 교통을 몇 시간 동안이나 '해방'시켰다. 그러나 이 때, 수백 명이 체포되었으며 이후 뉴욕시는 이 행사를 눈엣가시로 여기게 된다. 법정투쟁에서 쟁점이 된 것은 이 주행을 위법으로 볼 것인가, 경찰은 주행자를 체포하고 그들의 자전거를 빼앗을 권리가 있는가, 이 주행은 시의 허가를 받을 필요가 있는가라는 항목들이었다. 뉴욕시는 이 주행을 '정치적 기획'으로 분류하여 금지하기 위해 소송을 걸었고, 2004년 12월, 연방판사는 이 소송을 취하시켰다. 주행의 참가자들은 연령, 직업, 인종 등 모든 면에서 다양하다. 지인 중에는 네 번이나 체포되고, 그때마다 일시적으로 자전거를 빼앗겼는데도 불구하고 계속해서 단호하게 참가하고 있는 여성이 있다. 그녀 같은 사람들의 공통점은 '자전거에 대한 사랑'이다. 그러나 그것은 스포츠로서의 자전거가 아니라 도시공간에 대한 신체적인 개입을 되찾기 위한 자전거이다. 자전거 주행에 의한 도시공간에의 개입, 그것의 고유한 속도는 아직 충분히 말해지지 않은 영역이다.

자전거를 탄 발터 벤야민 같은 존재가 있어도 좋지 않을까?

이민국가 미국^{America}의 허위

미국에서 5월 1일은 공휴일이 아니다. 그러나 올해[1]만은 이날이 '총파업 2006, 이주노동자 없는 하루'Great American Boycott 2006, a Day without an Immigrant라는 이름을 걸고 이민노동자에 의한 '총파업=항의의 휴일'이 되었다. 전미 각지에서 공장이나 상점이 문을 닫았고, 고등학교에는 등교 학생들의 수가 눈에 띄게 줄었으며, 각 도시의 중심부는 이민노동자들의 집회행렬에 의해 완전히 점령되었다. 참가자 수에서는 라틴계 인구가 많은 캘리포니아가 다른 지역을 압도했지만, 이곳 뉴욕에서도 몇 군데의 공장이 조업을 정지했고 시내는 집회행렬의 발자국 소리와 우렁찬 함성으로 뒤흔들렸다. 지금까지 억눌리고 통제되어 온 흐름이 마침내 그 '허위'의 둑을 무너뜨리고 넘쳐흐르는 듯한 느낌이었다. 역시 이 나라는 '이민에 의한, 이민을 위한 나라'이며 이 국민은 '근본적으로 이민'이다.

작년 12월 16일에 있었던 보수파 하원의원 제임스 센센브레너의 '도발'이 이러한 흐름을 이끌어 낸 사건의 발단이다. 이 양반은 '국경방위', '테러리즘 대책', '불법이민 제거'를 주된 안건으로 하는 새로운 〈이민법〉(=H. R. 4437)안을 제출하였고 이것이 하원을 통과했다. 〈애국자법〉이나 사설경비부대(〈미니트맨 프로젝트〉2)로 대표되는 9·11 이후 '보안체제'의 강화와 '인종차별'의 극단을 보여준 사건이다. 이 법안이 성립되면 1,100만 명의 이민자들이 중죄인felon이 되고, 그들의 고용주는 노동자밀수인 smugglers이 되며, 그들을 지원하는 행위조차 범죄가 된다. 다행히도 이 법안은 상원을 통과하지 못한 채 부결되었다. 그러나 이후 미국 각 지방의 지역사회들이 개별적으로 불법이민대책 프로그램을 조직하는 등, 반이민정책이 전국으로 확대되고 있다. 4월 20일에는 전국적으로 1,187명의 미등록 이민노동자가 국토방위대와 지방경찰에 의해 체포/격리되었으며 그중 275명이 국외 추방되었다.

이에 이민자들과 5백 개 이상의 운동단체가 거리로 나섰고, 위와 같은 억압에 항의하는 행동의 물결이 전국 각지로 퍼졌다. 감동적인 것은 부모와 친구의 고난을 더 이상 두고 보지 못하게 된 미국의 고등학생들이 이 운동에 참가하기 시작했다는 점이다. 게다가 이 운동이 요구하는 것은 단순한 미등록 이민의 조건 없는 합법화와 보호가 아니다. 그들의 요구는 근래 불가피한 '이민의 흐름'을 만들어 낸 원흉인 〈북미자유무역협정〉NAFTA의 폐기로까지 나아가고 있다. 다시 말해 이 운동은 신자유주의의 폭거에 대항하는 전지구적 정의 운동global justice movement을 활성화하는 계기를 잉태하고 있는 것이다.

미국(과 기타 선진국)의 산업은, 그 하부를 떠받치는 직종에 더 이상 자국의 시민들이 취업하지 않아, 세계의 남부global south로부터 온 미등록 이민노동자들의 저임금/장시간 노동에 의지하고 있다. 그러나 국가는 마치 적선이라도 하는 듯한 자세로 그들의 체재와 노동을 허가할지 말지 논의하고 있다. 이것은 자국 시민들의 내셔널리즘을 부추기기 위한 '정치적 허위' 이외에는 아무것도 아니다. 미국(과 기타 선진국) 거대산업의 의지를 반영한 무역 자유화에 의해 세계경제는 점점 더 뒤엉키고 있으며, 세계 남부 국가들의 전통적인 산업/생활 형태는 고통스럽게 붕괴되고 있으며 그 붕괴의 결과 생활수단을 빼앗긴 인구가 세계적인 대도시metropolis로 집중되고 있다. 이러한 흐름에 개입되어 있는 것은 개개인의 희망과, 그러한 희망조차 넘어서는 불문곡직不問曲直의 강제력이다. 그러므로 '거대산업이 국경을 넘나드는 것이 허가된다면 우리들 또한 국경을 넘을 수 있어야 한다'는 이민들의 외침이 터져 나오는 것은 당연하다.

미합중국은 본질적으로 '글로벌한 이민운동'이며, 그 이상 그 이하도 아니다. 아니, 보다 정확히 말하면 인류 그 자체가 궁극적으로는 장대한 이동과 혼합의 운동이기에, 어떤 국민 국가도 이민의 일시적인 모습에 불과하다. 다만 미국의 경우 그 자초지종 전부가 너무나 명확하게 드러나 있다. 미국은 그 기원에서부터 선주민에 대한 이민의 집중적인 수탈이 개재되어 있으며, 그 후 세계의 위기를 등에 업고 차례차례 건너온 이민이 계속 더해져 국민을 형성했지만 그때마다 먼저 온 이민이 뒤에 온 이민을 값싼 노동력으로서 사용하고 경제적인 형편에 따라 그 출입량을 통제해 왔다. 그것이 미국 이민정책의 본질이다. 그리고 이민운동은 앞으로 예상되는 간난신고艱難辛苦 속에서 미국의 경제적/도의적 허위를 점점 더 분명하게 밝힐 것이다.

이날 거리에는 동아시아의 다른 지역 출신의 이민들은 볼 수 있었지만 일본인은 볼 수 없었다. 뉴욕 주재 일본인 대부분이 자신을 '이민'으로 생각하고 있지 않기 때문일 것이다. 유감스러운 일이다. 이날 뉴욕에는 말이 통하지 않는 여러 인종의 이민들 사이에 강력한 유대가 형성

되었다. 그것은 각자가 단순한 '국민'으로서 존재할 때에
는 만들어질 수 없는 공동의 투쟁에 의한 공감이다. 그것
을 의식하든 말든 '이민이라는 의식'이야말로 이를테면
'인류'humanity를 향한 문이 아닐까라는 생각이 들었다.

예술 · 정동노동 · 사회운동

현재 휘트니 미술관에서는 과거 2년간 미국에서 제작
된 뛰어난 작품들을 전시하는 '비엔날레전'이 개최되고 있
다. 주제도 명확하지 않고 그다지 눈길을 끄는 전시회는
아니지만 전시되어 있는 많은 작품들 중에는 흥미를 불러
일으키는 작품도 간혹 있다. 하지만 이 글에서 말하고 싶
은 건 그 작품들이 아니라 이 전시회가 의도치 않게 보여
주고 있는 상황, 즉 예술이 사회에 폭넓게 스며들어 다양
한 작품이 만들어지게 된 반면, 모든 작품들이 비슷비슷
해 보이는 일종의 기시감을 형성하기 시작했다는 점, 요
컨대 예술이라는 생산영역의 포화상태에 관한 것이다. 이
는 '예술의 대중화'에 따른 현상이며 '희소한 작품의 체험'

을 신봉하는 분들에게는 한탄할 만한 사건일 것이다. 하지만 관점을 바꿔 보면, 이러한 경향은 통상 숨겨져 있는, 보다 근원적인 예술의 본질을 가리키고 있는 듯하다.

뉴욕은 '예술'을 지향하는 젊은이들이 모여드는 곳이다. 시각예술뿐만 아니라, 음악, 퍼포먼스, 디자인 등등, 다양한 분야의 예술지망생이 여기에 온다. 대부분은 먹고 살기 위해 아르바이트를 해야만 한다. 식당 종업원, 바텐더, 화랑 조수, 예술가 조수, 프리랜서 디자이너, 홈페이지 관리자 등 대부분 불안정한 비정규직으로 고용되어 있으며 '나는 예술가다'라는 자의식만이 그들의 불안정한 나날을 지탱해 주고 있다.

특히 1980년대 초반 이후 이러한 존재들이 많아졌다(나 자신도 그중 한 사람이었다). 그것은 포드주의적인 대산업 시대에서 정보와 서비스업의 포스트포드주의 시대로의 이행에 상응하는 것이었다. 이러한 변천은 한편에서는 도시공간의 탈산업화와 젠트리피케이션을 불러일으켰고, 다른 한편에서는 이전의 공장노동자들을 '정동노동자'로 전환시켰다. 이탈리아의 자율주의 계열 맑스주의자들에 의하면 이 '정동노동'이라는 개념은 직접적으로 신체에 개입하는 노동으로부터 정보조작을 매개로 한 노동에 이르기까지, 그 노동이 무엇을 매개하느냐와는 관계없이 고객의 내부에 '정동'을 생산하고 사회관계를 형성하는 노동을 가리킨다. 예술가들은 위에서 열거된 이러한 노동(알바)에 취업하는 경향이 많다. 보다 근본적으로는 애초부터 예술 자체가 이러한 노동의 한 종류인 것이다. 요컨대 예술계의 확장과 예술가의 증대 자체가 포스트포드주의가 만들어 내는 추세 중 하나였다.

예술은 여러 개의 얼굴을 가지고 있다. 우선 그것은 '희소가치'를 생산해 내는 하나의 제도이다. 작품에서 초월성을 추구하는 사람에게는 종교적인 체험이다. 그러한 작품을 창조하는 유명 예술가에게 있어서 예술은 천문학적인 가격의 매물이다. 비공식노동(알바)의 수요가 큰 신자유주의 경제의 입장에서 볼 때, 노동자 스스로가 예술가라는 자의식을 가짐으로써 고통스러운 일상을 견디는 것은 더 바랄 나위 없는 일이다. 그런 의미에서 '노동자= 예술가'라는 등식은 문화침투 시대에 자본이 노동을 관리하는 새로운 방법이 되었다는 느낌이 들 정도다. 그렇다면 계속해서 증대하는 무명 예술가들, 요컨대 거리에 넘쳐나는, 예술을 지향하는 무수한 노동자(프리터)들에게 있어서 예술은 무엇일까? 결코 이루어질 수 없는 꿈일까?

그들에게 있어서는 예술 활동이야말로 가혹한 현실을 버틸 수 있는 '희망'이다. 그것은 한편으로는 자본주의의 새로운 관리 방식에 자신의 몸을 바치는 것이다. 대박을 목표로, 헝그리 정신으로 버티는 스포츠와 비슷하다. 하지만 거기서 끝나는 것은 아니다. 이 '희망'은 '관리'와 '상품화'를 넘어 그것들을 파괴하는 요소 또한 감추고 있다. 그것은 노동자(프리터)들이 '소외되지 않은 노동' '자율적인 노동'을 예행하는 실천이다. 물론 매일매일 양식을 위해 다른 노동(알바)에 종사해야만 하는 이상 그것은 '해방'이 아니다. 그럼에도 그 핵심에는 오히려 '사회운동'에 가까운 의미에서의 '무상행위'가 포함되어 있다.

정동노동이란 타자와의 에로틱한 교환/교감에 종사하는 노동이다. 그 한쪽 극단에는 성노동이 있으며, 간호가 있고, 예술을 사이에 둔 다른 극단에는 정보의 생산/기술/관리가 있다. 이 횡단적인 범주는 '인간관계의 생산'이라는 점에서 이른바 직업을 초월해 버리는 실천인 동시에, 종래의 '정치'를 지배해 온 부권적인 통제를 소멸시키는 힘을 가지고 있다. 여기서의 이상형은 더 이상 지력知力이나 무력을 과시하는 지배자가 아니다. 모든 장소에서 우아하고 섬세하게 타자에게 신경을 쓰는 퍼포머performer이다. 그리고 그것이야말로 예전의 좌익을 대체하는 현대 활동가들의 모델이다.

예술제작에서 절대적인 수의 증대는 사실 질적 하락과는 어떤 관계도 없다. 그것은 공급과다에 의한 상품가치의 하락이라는 면에서 '예술제도의 위기'일지언정, '예술의 위기'는 아니다. 오히려 이러한 대중화에 의해 예술은 제도에서 넘쳐 거리로 흘러나오고, 그곳에서 운동과 만나 새로운 차원을 열고 있다고 말할 수 있다. 이러한 상황은 우리들에게 예술의 본질에 대해 다시 한번 생각하게끔 만든다. 이제 작품이라고 하는 '단독성'singularity이 물신숭배fetishism를 넘어 **마침내** '그 자체가 기쁨인 노동'이라는 '공산주의의 이상'을 가리키기 시작하고 있는 것은 아닐까?

7

오사카에서 뉴욕으로

환상의 메갈로폴리스

　한 도시에 대해 충분히 말하기 위해서는 그 도시뿐만
아니라 다른 도시와의 연관관계를 고려해야만 한다. 도시
를 형성하는 사람과 자본 모두 도시 사이를 왕복하는 흐
름flow이기 때문이다. '통치제도' 혹은 '상징체계'로서의 도
시는 스스로의 장소적 중심성을 주장하지만, 그 실질적인
내용인 사람이나 자본은 어디까지나 교통을 매개로 한 이
동/운동이다. 이러한 '도시=운동' 혹은 '도시=관계'는 한편
으로는 한 도시 내부에서 다종다양한 이민 거주구의 지역
성이나 그들 사이의 불화로 표현되고, 다른 한편으로는
지리적으로 보다 넓은 지역에서 도시간의 계층서열적인
관계성으로서 나타난다. 예를 들어 프랑스와 미국에서 활

동했던 지리학자 장 고트맨(1915~1994)은 1960년경까지 북미 동해안 교통망의 발전에 의해 형성된 도시들의 관계를 '메갈로폴리스'megalopolis라고 불렀다. 도시들의 '도시' 혹은 '메타도시'이다. 세계화라고 불리는 현상은 이 '메갈로폴리스'의 형성과 분리시킬 수 없다.

나는 지금 약 2년 만의 일본 방문에서 돌아와 시차로 고생하고 있다. 아직 뉴욕이라는 땅에 두 발을 온전히 디디지 못하고 경계적인liminal 상태에 있는 셈이다. 그런 와중에 상념만이 두 개의 맥락 사이를 방황하고 있다. 눈앞에 있는 뉴욕에 대해 생각하려 해도 아직 생생한 '일본=도시'의 기억이 고개를 치켜들고, 그것은 일본이 그 자체로 하나의 거대한 '메갈로폴리스'가 되어 가고 있는 것이 아닐까라는 상념으로 끝을 맺는다. 그렇다면 일본이라는 이 '메타도시'는 하나의 통일된 도시가 아니다. 그것을 형성하는 요소들 사이에는 몇 개의 대립, 혹은 질적인 차이들이 포함되어 있다. 그리고 그 요소들의 불화야말로 이러한 맥락이 보내고 있는 진정한 메시지가 아닐까? 특히 신칸센(고속철도)으로 연결된 관동과 관서, 혹은 도쿄와 오사카 사이에는 결코 해소하기 어려운 차이가 있는 듯하다.

전체적인 경향을 볼 때 도쿄는 무분별한 균질화를 통한 '메갈로폴리스화'를 추진하고 있는 듯하다. 그것은 이전에 살았던 오다큐선小田急線沿線의 각 역 부근의 개발에서 현저하게 드러난다. 이제 어디서 내려도 똑같은 전철역 앞에 있는 듯한 착각에 빠진다. 시모키타자와역下北沢駅 주변의 상점가를 파괴하는 도로 건설에 반대하고 있는 주민운동은 이러한 경향에 대한 저항임에 틀림없다.

그에 반해, 이번에 사카이 다카시[1]씨와 〈도시문화연구회〉의 사람들의 안내를 받으며 걸어 다닌 오사카(특히 오사카의 남서부deep south)에서는 사정이 전혀 달랐다. '메갈로폴리스'에 휩쓸리면서도, 그 속의 몇몇 지역은 그러한 추세에 구멍을 뚫기라도 하는 듯한 단독성을 확보하고 있었다. 혹은 각각의 지역성이 차이화를 포기하지 않고 우뚝 솟아 저항하고 있는 듯했다.

여기서 나는 26년 전 뉴욕에 도착했을 때의 첫 인상을 떠올렸다. 그때 '이 도시는 도쿄가 아니라 오사카에 가깝다'고 직감했던 것이다. 이러한 유비는 도시공간을 물리적으로 형성하고 있는 형태에 관한 것이 아니다. 오히려 도시의 분위기, 혹은 이렇게 말해도 좋다면 '거리의 존재성'에 관한 것이다. 아케이드[2]가 없는 뉴욕이지만 몇 군데의 번화가는 왠지 모르게 간사이關西 지역에 편재해 있는, 사건으로 가득 찬 아케이드를 연상시켰다. 또 간사이 사투리를 매개로 한 사람과 사람 사이의 관계성은 공공장소에서 타인을 향해서도 편하게 말을 거는 뉴요커의 영어가 맺는 관계성과 가까운 것처럼 여겨졌다. 그것은 본질적으로 이민인 민중이 유감없이 스스로를 표현하며 교류하는 '거리/치마타적 존재'의 공통성이었다. 그처럼 소란스럽고 외설스럽고 또 정겨운 공기는 도쿄의 것이 아니다. 틀림없이 오사카 혹은 간사이 지역에서 찾을 수 있는 것이었다. 덧붙여 기묘하게도 뉴욕에 주재하는 일본인 중에는 간토關東 사람보다는 간사이 사람이 압도적으로 많다고 들었다.

앞서서 내가 폭력적으로 도쿄와 오사카의 속성을 단순화시켰지만, 사실 (뉴욕을 포함하는) 모든 도시에는 '메갈로폴리스화'의 두 가지 서로 다른 추세 — 균질화와 차이화 — 가 공존하고 있을 것이다. 하지만 뉴욕에서 도쿄적인 것이 아니라 오사카적인 것을 발견한 것은 그 후 뉴욕에 대한 나의 개입의 방향성을 결정지었다. 나에게 있어서 뉴욕은 차이화가 균질화를 능가한 도시이며, 그렇기에 나는 뉴욕의 '메갈로폴리스화'에 나 있는 구멍을 탐사하기 시작했다.

뉴욕으로 건너와 이곳에서 자리를 잡는 민중은 모두 스스로의 신체 안에 다른 도시를 지니고 있다. 따라서 이곳에는 무수한 도시의 지령genius loci들이 깃들어 있다. 그 도시들은 (도쿄+런던+뉴욕 같은) 메이저 메갈로폴리스와는 별개의 'X도시+뉴욕'이라는 마이너한 여러 종의 메갈로폴리스로서 존재한다. 내가 이곳에 지니고 온 것은 도

쿄의 지령이 아닌, 내가 태어난 고향인 세토나이카이瀬戸内
海3 연안에 가까운 간사이권의 지령이었다. 그것은 오사
카와 뉴욕을 잇는 환상의 메갈로폴리스를 형성하고 있다.

세계의 고동을 듣다

프로스펙트파크의 드럼써클

맨하튼의 센트럴파크와 브룩클린의 프로스펙트파크는 조경가 프레드릭 로 옴스테드(1822~1903)에 의해 설계되었다. 둘 다 새로이 생성되고 있는 근대도시 내부에 양식화된 인공자연을 메워 놓은 공원으로, 시민(부르주아) 생활을 풍요롭게 한다는 구호 아래 만들어졌다. 19세기 후반에는 서로 분리되어 있는 이 두 지역을 통합시키기 위하여 대로boulevard를 건설해서 두 공원을 상징적으로 연결하자는 계획이 입안되었지만 실현되지는 못했다. 이후 브룩클린이 맨하튼으로 합쳐지면서 제도적으로는 두 지역을 통합시켰다고 말할 수 있지만, 두 개의 공원은 계속해서 각각의 지역성을 반영하며 뉴욕이 가진 두 개의 전혀 다른 얼굴을 체현해 왔다. 센트럴파크는 주로 공원 주변에 사는 부유한 뉴요커가 조깅을 하거나, 관광객이 마차를 타고 관광을 하는 장소이다. 그에 반해 프로스펙트파크는 다인종 다민족이 복합적으로 모여 있는 브룩클린의 민중성을 다양한 형태로 표현해 왔다. 다음은 그러한 표현의 한 예이다.

프로스펙트파크의 동남쪽 모퉁이 부근에는 드러머의 숲이라 불리는 블록이 있다. 통나무를 반으로 자른 벤치들이 나란히 놓여 있는데, 그 벤치들이 사방 30미터정도 이어져 반원 모양으로 하나의 구역을 이루고 있다. 봄부터 가을까지 날씨가 좋은 일요일이면 사람들이 각종 타악기를 들고 이곳으로 나와 오후부터 해질녘까지 합주회를 벌인다. '드럼써클'이라 불리는 '집단=문화=운동'이다. 1968년에 〈콩고 스퀘어 드러머즈〉라는 아프리카계 드럼 동호회를 중심으로 시작되어 오랫동안 비공식적으로 이어져 왔는데, 점차 많은 지역 주민들이 모여들면서 공원관리국에서 인정하는 공식 행사로 정착되었다. 나에게 있어서는 20여 년의 뉴욕생활 속에서 '진정한 기쁨'을 주는 드물게 소중한 행사 중 하나이다.

맑은 일요일 늦은 오후, 그랜드 아미 플라자에서 동쪽 산책로를 따라 남쪽으로 걸어가 보자. 20~25분 정도 걸으면, 멀리서부터 땅과 하늘을 울리는 한 덩어리의 소리가 귓가에 닿기 시작한다. 가까이 접근할수록 그 소리는 점점 선명해져 다종다양한 타악기가 만들어 내는 소리의 집합체임을 깨닫게 된다. 현장에 있는 건 질서정연하게 줄지어 앉은 드러머들이 아니라 숙련자들을 에워싸며 만들어진 몇 개의 그룹이다. 공원 여기저기에 흩여져 있는 복수의 신체들이 각각 고유의 리듬 속에서 다시 하나의 더 커다란 흐름에 참여하고 있다. 그곳에 하나의 중심 같은 건 없다. 일단 '소리=환경'의 안쪽으로 들어가면, 사방에서 서로 다른 리듬이 접근해 온다. 시작과 끝을 포함한 모든 과정은 집합적인 의지와 우연성의 놀이에 의해 결정된다. 어떤 계기로 주요 연주가들 사이에 합의가 형성되고, 그것이 대세를 결정해 간다. 하지만 명연주가들만이 연주를 하는 것이 아니라 초심자들도 땀투성이가 되어 연주에 열중하고 있다. 반원의 중앙에서는 몇 사람이 소리에 맞춰 춤을 춘다. 서아프리카계 춤이 중심이지만 춤 스타일도 가지각색이다. 그 움직임들이 시각적인 자극을 주며 소리와 공명하고, 보다 강하게 청중을 리듬으로 이끈다.

이 세상에는 정말로 다양한 타악기가 존재한다. 전문가가 아닌 나로서는 그 모든 타악기를 구분할 수는 없지만, 해설서를 약간 참조하는 정도만으로도 그곳에 있는 젬베, 둠베크, 콩가, 탬버린, 마라카스, 베림바오 …… 또 스틸 드럼까지 발견할 수 있다. 소수이긴 하지만 피리나

색소폰을 들고 참가하는 사람들도 보인다. 인종적으로 볼 때 참가자 중엔 흑인이 대략 60~70퍼센트, 라틴계가 20~30퍼센트, 백인이 10퍼센트, 극히 소수이긴 하지만 아시아인의 모습도 보인다. 남성이 다수이긴 하지만, 힘 좋은 여성 드러머들도 눈에 띈다. 대부분의 관객은 연주자의 가족이나 친구들로 보인다. 아이들은 주위에서 뛰어다니고, 어른들은 풀밭에 앉아 먹고 마시거나, 간자를 피우며, 모두 휴일을 즐기고 있다. 산책하는 사람의 행동이 전면적으로 감시되고 관리되는 센트럴파크와 달리 프로스펙트파크에서 사람들은 아직까지 '완벽한 축제공간'을 조직할 수 있는 것이다.

이는 틀림없이 뉴욕 민중문화에서 가장 강력하고 또한 풍요로운 표현 중의 하나이다. 예술적 판단을 초월한 '완벽한 사건'의 형성이다. 그것을 가능하게 만든 것은 한편으로는 서아프리카에서 유래한 드럼을 통한 집합적 커뮤니케이션의 형식이며, 다른 한편으로는 카리브/서인도제도계를 중심으로 한 프로스펙트파크 남동쪽의 커뮤니티일 것이다. 이곳에서 전개되는 '타악기의 우주론'drum cosmology은 역사적으로는 '삼각무역'(=노예매매)의 결과, 세계로 흩어지게 된 아프리카계 주민과 다른 주민들의 접촉에 의해 형성된 세계성globality, 바로 그것이다. 여기에는 참담한 역사 그리고 공간을 넘어서려 하는 민중의 의지가

서려 있다. 그리고 그 의지가 하나의 '세계의 고동'이 되어 울리는 소리를 듣는 체험은 정말로 '희열'이라는 말로밖에는 달리 표현할 수가 없다.

9

뉴욕의 영어
땅 끝의 언어

뉴욕에서는 영어를 한다고 해서 늘 의사소통이 이루어지는 것은 아니다. 예를 들어 택시를 타면, 운전사가 미국인이 아닌 인도인, 파키스탄인, 아이티인, 러시아인 등인 경우가 더 많다. 때로는 뉴욕에 온 지 얼마 안 되어 영어를 전혀 못하는 사람도 있다. 그들이 바로 일을 시작해야 하는 사정은 충분히 이해하지만, 운전사가 목적지에 대한 설명을 알아듣지 못해서 도중에 내려야 하는 경우조차 있다. 이곳은 '바벨의 도시'이다. 여기 거주하고 있는 서로 다른 민족들의 수만큼 서로 다른 언어가 말해진다.

하지만 생각해 보면, 공통언어로서의 영어 내부에 이미 '복수성'은 자리잡고 있다. 영어 자체가 이미 '다종다양체'

인 것이다. 서로 다른 억양의 사투리에서부터 전혀 이해할 수 없는 피진pidgin 1까지, 다양한 영어들이 존재한다. 우선 백인 브룩클린계나 보스톤계 억양의 영어가 들리고, 또 그 자체로도 다양한 아프리칸 아메리칸 방언African American Vernacular English(혹은 통칭 이보닉스Ebonics)영어가 말해지고, 카리브계의 각종 피진어도 떠들썩거린다. 반드시 잊지 말아야 하는 것은 주로 젊은 흑인들 사이에서 말해지는 힙합언어이다. 게다가 각종 외국인의 사투리나 문법적 오류로 채색된 영어조차 서로 다른 종류의 영어로 볼 수 있다. 심지어 영어의 변종인 각종 컴퓨터 프로그램 언어도 더해야 될지도 모른다. 요컨대 뉴욕의 영어에는 이미 통일된 하나의 표준어 따위는 존재하지 않는다고 말할 수 있을 것이다. 킹즈 잉글리쉬라고 불리는 표준영어는 물론, 모든 오류와 변종도 '영어'의 현실 속에 있다.

엘리엇T. S. Elliot, 그리고 다른 많은 사람들이 지적하고 있듯이 '영어는 땅 끝의 언어'이다. 그것은 인도·유럽어가 서진하는 동안 다양한 언어와 접촉하고 복수화되면서 만들어진 언어이다. 근세 이후 영어의 확장은 말할 것도 없이 대영제국의 확장과 보조를 맞추었다. 그것은 몇 개의 현지어vernacular와 접촉하고, 병존하는 한편 영향을 주고받으며 스스로를 복수화해 왔다. 영어밖에 할 줄 모르는 식민지 지배자, 그리고 그들과 살기 위해서 현지어와 영어

둘 다를 사용해야만 하는 '세계민중' 사이의 지배/피지배 관계야말로 이 운동의 무대였다.

뉴욕에 사는 이민노동자들은 영어 이외의 언어를 알고 있다. 서양세계 이외의 세계를 알고 있다. 그리고 그러한 복수성/타자성의 관점에서 서양/영어세계를 인식하고 그 세계와 접촉한다. 그에 반해 특권계급인 서양인들은 대부분의 경우, 영어밖에 쓸 줄 모른다. 필리핀 유모를 고용하는 비즈니스 우먼이 필리핀의 말을 공부할 리 없다. 멕시코인 식당종업원을 고용하는 식당주인이 스페인어를 배울 리가 없다. 뉴욕의 '도시공간'과 '영어'는 이처럼 식민지주의 시대로부터 계승되어 온 — 이른바 피지배자가 지배자를 존재론적으로 감싸고 있는 — 글로벌한 비대칭적 관계성 속에 담겨 있다.

따라서 이 언어로 이루어지는 커뮤니케이션 양태는 저마다 다르다. 그것은 단순한 의지의 소통을 도모할 뿐 아니라, 그 정반대의 기능까지 포함하고 있다. 그것은 권력이 자신의 정통성을 알리기 위한 '힘의 언어'이자, 연인들 간의 '대화의 장'이며, 또 서로 다른 인종/계급이 한정적으로 접촉하는 장소를 제공하는 동시에, 특정 커뮤니티가 '스스로를 변별하고 그들만의 영역enclave을 만드는 방법'이 되기도 한다. 예를 들어 힙합언어는, 외부자는 이해할 수 없는 암호의 세계, 혹은 이 언어를 이해하는 사람만

이 그 공동체의 일원이 될 수 있는 등용문으로 기능한다. 영어 속의 언더그라운드이다.

이리하여 '영어'는 스스로의 신체 안에 억압의 역사를 새기며 세계를 포용하는 공간을 길러 왔다. 나 또한 뉴욕에 오기 전에 '영어'를 공부하고 토플을 보기도 했다. 하지만 그처럼 학습의 대상이 되는 '영어'는 앞서 말한 언어세계의 극히 작은 표피에 불과하다. 뉴욕의 영어는 고통과 함께 확대되고 있는 세계의 지표이다. 그것은 끊임없이 부서지고 계속해서 재생하는, 어디까지나 미완인 세계의 시이다. 자메이카 출생의 이민 시인 클로드 맥케이는 1922년 뉴욕에 대해서 이렇게 읊었다.

> 와인처럼 드문 황금의 한 순간
> 도시는 우아한 자태를 끌고 선을 넘어섰다
> 내 피부색을 못 본 채
> 내가 이방의 객일 뿐인 것을 잊은 채
> 사나운 내 마음을 겨냥해, 그녀는 몸을 구부렸다
> ……
> ─「도시의 사랑」[2]

뉴욕 각 지구에는 어디나 예외 없이 두꺼운 방탄유리를 두른 중국요리집들이 있다. 그곳에서 사람들은 매일

같이 서투른 영어로, 후라이드 치킨이나 볶음밥을 팔고 있다. 그들의 영어야말로 가장 뉴욕적인 언어이다. 그리고 이 도시는 바로 그러한 언표행위 때문에 맥케이가 노래하는 황금의 한 순간을 준비하고 있는 것이기도 하다. Abc-ya!

미래주의의 폐허로부터

대도시metropolis에는 다양한 '미래주의'가 묻혀 있다. 일찍이 거대 건축계획들은 늘 무언가의 미래상을 바탕으로 설계되었다. 그 시대에 이룬 부의 집중, 토목기술의 수준, 권력의 지향성, 이런 것들과 일체화된 개발계획이 픽션으로서의 이상적 미래상을 과시하며 도시인구를 그 속으로 끌어들이려 했다. 하지만 이미 구현된 미래상은 곧 빛을 바래고 또 다른 미래상에 밀려 사라져 간다. 도시에 남아 있는 이른바 명건축물들에는 그러한 미래상이 골동품처럼 보존되어 있다.

뉴욕에서 실현된 전형적인 '미래상=건축'을 생각나는 대로 들어보면, 첼시호텔(1884년), 플랫아이언빌딩(1902

년), 뉴욕생명보험본사사옥(1928년)이 있고, 크라이슬러 빌딩(1930년)이나 엠파이어스테이트빌딩(1931년) 같은 마천루들이 있다. 그 후 대공황을 지나 다가온 공공투자와 대개발의 시대에는 유엔빌딩(1952년), 시그램 빌딩(1958년), 구겐하임미술관(1959년), 세계무역센터(1977년) 등이 건설되었다.

퀸즈에는 플러싱 메도우즈-코로나 파크라고 불리는 커다란 공원이 있다. 1939~40년과 1964~65년에 두 번의 만국박람회가 여기서 개최되어, 다양한 공간적 실험들이 제시되었다. 산업과 테크놀로지, 그리고 예술이 합체된 공상과학소설의 구현에 방문객들이 경탄한 것으로 알려져 있다. 바로 이 두 번의 만국박람회 사이의 시기야말로, 뉴욕시가 루즈벨트 정권이 시작했던 대대적인 공공사업을 계승하여 고층빌딩이나, 고속도로 등 현재 뉴욕시의 기본외형을 구축한 시대였다. 이러한 대규모 '개발'은 일반시민에게 '근대적 구축력'에 대한 외경심을 심는 한편, 실제로는 다수의 커뮤니티를 파괴했다. 첫 번째 만국박람회 이후 건설된 몇 개의 건물은 유엔이 맨하튼섬에 그 본부를 완성하기 전까지 유엔사무국으로 사용되었다. 두 번째 만국박람회에서는 뉴욕시 파빌리온에 그 유명한 뉴욕 5구의 거대한 모형이 전시되었다. 현재 그곳은 그 모습 그대로 퀸즈미술관이 되었다. 또 전망대는 영화 〈맨인

블랙〉(1997년)에서 낡고 초라한 겉모습 아래 감춰진 고성능 우주선과 그것을 위한 발사대로 등장한 바도 있다.

1960년대까지 이루어진 몇 개의 주요한 '건축=미래주의'는 이처럼 한물간 후에도 어떤 형태로든 재생되고 있다. 하지만 시그램 빌딩에서 세계무역센터에 이르는 패러다임을 볼 때 그러한 사정은 결정적으로 변한 것 같다. 말하자면 미래주의의 종언이다. 시그램 빌딩이 그 아름다운 전형을 보여준 것처럼 유리와 금속 그리고 신소재가 만들어 낸 중성적이며 투명한 동일단위의 반복은 점점 더 양식화되고 범용화된 채 도시 전체를 향해 무원칙적으로 확장해 나가기 시작했다. 이 경제적인 소재의 물질성은, 설사 손상된다 해도 단지 수선만 하면 되는 것으로서 자신의 몸에 시간의 경과를 새기는 일이 없다. 그것이 보여 주는 것은 어떤 미래상도, 혹은 골동품적인 미래상조차 아니다. 다만 현재일 뿐이다. 부동산업자 도날드 트럼프가 추진한 거대주택단지계획이나 젠트리피케이션 이후 42번가의 쇼핑지구 등에서는 어떤 의미에서도 미래상이나 역사성을 찾을 수 없다. 이것이 드러내는 것은 도시적인 상상력이라는 영역의 죽음이다. 뉴욕에는 어떤 비전도 없는 개발, 개발을 위한 개발, 순수개발의 시대가 도래하여, 지금 그 연장선상에서 건축붐이 진행되고 있다.

동시에 미디어에 범람하는 것은 '밝은 문화의 시대'라

는 이미지이다. 이라크전쟁으로 대표되는 세상의 어둠에도 불구하고 말이다. 과거 10년 정도에 걸쳐『뉴욕타임즈』는 예술/건축/디자인/패션에 방대한 지면을 할애하기 시작했다. 하지만 앞서 언급한 건축의 예와 마찬가지로, 각각의 영역에서 생산 활동의 질이 향상되고 있다는 징조는 없다. 오히려 그 어느 영역에도 자기언급적인 관습만이 정착하여, 자기 내부의 게임에 매달린 나머지 보다 큰 문제를 대면하는 기풍을 잃어버리고 있다. 물론 앞으로 기대하는 것은 권력이 하사하는 미래주의적 대개발이 아니다. 현재의 무한확장 또한 아니다. 오히려 좀 소박하지만 본질적인 프로젝트, 요컨대 도시에 거주하는 민중 자신에 의한 스스로의 공간 창출과 관리일 것이다. 그것은 이미 있는 골동품적인 건축공간의 혁명적인 재이용이라는 방향으로 향할 것이다. 그것은 과거든 미래든 상관없이, 현 상태가 아닌 시간으로 시선을 던지고 대안을 찾아내는 유토피아적인 상상력의 기술이 될 것이다. 공상과학소설 작가이며 아나키스트인 어슐러 K. 르 귄은 이렇게 말했다.

나에게 있어서 중요한 것은, 상상이지만 설득력 있는 대안적 현실을 제시하는 것이며, 현 상태를 유일하게 가능한 생존방식이라고 여기는 나태하고 겁에 질린 관습으로부터 나의 마

음과 독자의 마음을 해방시키는 것이다. 그러한 타성이야말
로 정의롭지 못한 제도들을 존속시키기 때문이다.

<민주사회를 위한 학생연합>SDS의 재건에 대하여

근래 들어 이 도시의 반체제운동 현장은 일종의 재생의 새로운 기운으로 충만해 있다. '재생'revival과 '새로운 기운'은 의미상 서로 모순되지만, 그렇게밖에는 표현할 수가 없다. 그러한 기운의 한 예는 아나코-생디칼리스트 anarcho-syndicalist 조합인 〈워블리즈〉이고, 또 다른 예는 이 글의 주제이기도 한, 〈SDS〉(민주사회를 위한 학생연합)이다. 〈SDS〉의 젊은이들은 이라크전쟁 반대, 이민자 권리 옹호(=반反미니트맨), 대학 내의 민주화 운동 등 여러 전선에서 과감하게 싸우고 있다. 구세대는 이제 그들을 지도하는 것이 아니라 후방에서 지원하는 임무를 맡고 있다.

〈SDS〉는 1960년대 미국 신좌파운동의 중추를 담당했던 바로 그 학생조직이다. 미시간주 앤아버에서 결성되어 참여민주주의participatory democracy, 직접행동, 스튜던트 파워[1] 등 급진주의의 선풍을 일으켰다. 1960년대 후반에는, 운동의 방향을 저항에서 혁명으로 전환시키는 데 커다란 역할을 하였으며, 그 과정에서 모택동주의의 각 분파 및 과격파인 〈웨더 언더그라운드〉 등으로 분해되었다.

몇 명의 초기 활동가들과 코네티컷주 고교생 그룹에 의한 〈SDS〉의 재조직이 시작된 것은 그로부터 30년 이상이나 지난 2003년이다. 말하자면 부모세대와 청년세대의 연합인 셈이다. 이러한 재조직을 이끌어 낸 것은 이라크전쟁에서 국내통제에 이르는 전면적인 **공포정치화**를 경험하며 싹튼, 공민권에서 반전反戰까지 다양한 전선에 걸친 학생운동이 다시 요구되고 있다는 의식이었다. 몇 개의 대학에서 지부가 결성된 후, 2006년 1월 17일 '마틴루터킹 목사의 날'에는 합동 기자회견을 열어 '〈SDS〉 재결성'을 선포하고 프랑스 학생운동의 연대/지원 성명을 발표하기도 했다. 이라크전쟁이 발발했던 날인 3월 19일에는 타임스퀘어에서 '시민불복종'을 감행하여 집단으로 체포되었으며, 4월에는 로드아일랜드주의 브라운 대학에서 미국 동북지구 대회를, 같은 해 8월에는 시카고 대학에서 최초의 전국대회를 개최했다.

이와 함께 조직된 것은 〈민주사회를 위한 운동연

합〉MDS이다. 초기 〈SDS〉 활동가들의 호소를 통해 만들어
진 이 조직의 사명은 〈SDS〉 활동을 후방에서 지원하는 것
이다. 〈SDS〉 활동가들의 법적방위를 비롯한 다양한 활동
을 위한 자금을 모으고, 홍보 및 교육, 회합을 위한 장소를
확보하는 등의 일을 하고 있다. 다양한 활동가들과 지식
인들이 이 단체의 운영위원회를 구성하고 있다. 노암 촘
스키와 하워드 진, 흑인으로는 코넬 웨스트, 로빈 켈리, 매
닝 마라블, 〈SDS〉 창설자인 톰 헤이든과 〈웨더 언더그라
운드〉의 버나딘 돈 등 고참 〈SDS〉 멤버들, 그리고 1990년
대 중반 이후 전지구적 정의 운동에 관계해 온 세대인 아
나키스트 인류학자 데이빗 그레이버나 활동가 스타호크
등이 여기 함께 하고 있다. 젊은 활동가들을 지원한다는
명목이 아니면 불가능할 것 같은 연합의 가능성이 열린
것이다.

재생revival이 동일한 것의 회귀를 뜻하는 것만은 아니
다. 그것은 다양화를 뜻하기도 한다. 서로 다른 시공간에
서 요청되고 있는 것의 동형성이 이 운동의 상징과 형식
에 동형성을 부여했다. 하지만 그 동형성 안에 본질적인
차이가 숨겨져 있다. 〈SDS〉의 회귀가 무엇보다도 신선한
것은 바로 이 때문이다.

베트남전쟁이 그러했듯이, 이라크전쟁 또한 어떻게든
미합중국의 폭거를 정지시켜야만 한다는 광범위한 의지

를 생성해 내고 있다. 그러나 오늘날 벌어지고 있는 글로 벌한 차원의 문제들은 전 세계 어디에서나 동일한 강도를 가지고 있으며, 그 표출방식은 냉전시대보다 훨씬 더 위기적이며 가시적이다. 어떤 방향전환 없이 이대로 간다면 인류의 말로가 참담하리라는 사실은 자명하다. 이는 베트남전쟁 때의 위기의식과는 다르다. 당시의 위기의식은 핵의 위력을 중추로 한 것이었다. 오늘날 우리에겐 현재와 같은 생산/소비생활을 계속하는 것 자체가 인류를 숙명적인 파멸로 이끌 것이라는 인식이 있다. 요컨대 인류 역사상 지금처럼 현실적으로 세계혁명의 필요성이 부상했던 시대는 없었다.

그러나 '혁명'이라는 말을 발설하는 것이 지금처럼 곤란한 시대 또한 없었다. 세계혁명은 우리가 알고 있는 제도(=국가정체) 속에서는 결코 일어날 수 없다. 그것은 하나의 권력기구를 전환하는(전복시키는) 따위의 간단한 것이 아니다. 세계혁명은 의식주에서 인간관계에 이르는 모든 것의 변용을 포함하는 새로운 사회성을 창출하는 동시에, 계속되고 있는 낡은 형태의 폭력적 권력 자체를 해체하는 것이어야만 한다.

〈SDS〉의 재건은 사회적 입장이나 빈부 여하를 떠나 혁명운동에 집중하고 그 선두에 서는 것은 언제나 젊은이들임을 보여준다. 그것이 동일성이다. 차이는 그 비중심적

인 조직화의 원리와 MDS가 보여 주듯, 현대는 당파적 분열의 시대가 아니라 연합의 시대라는 것이다. 복수의 과제를 향해 '물으면서 걸을' 때, 당파싸움에 매달릴 여유는 없다.

12

와하까와 뉴욕을 잇는 것

미국의 상하원 의원 선거에서 거둔 민주당의 승리가 미합중국의 정치/사회적 환경에 어느 정도 변화를 불러올 것은 분명하다. 뉴욕에서는 이를 환영하는 목소리들이 들린다. 하지만 이라크를 침공하는 안(案)에 대해 대부분의 의원들이 찬성투표를 했던 민주당에 대한 실망을 말끔히 지워버릴 수는 없다. 미디어가 만들어 내는 '국민여론'이라든가 선거자금을 제공하는 자본의 이익에 본질적으로 묶여 있는 의원이라는 존재가 할 수 있는 건 그 자체로 한계가 있지 않을까? 공화당과 민주당, 그 어느 쪽도 신뢰할 수 없는 상황에서 명목상으로는 '자유' 혹은 '민주주의'를 신봉해 온 현대미국 정치에 대한 근본적인 회의가 널리

퍼지고 있는 것 같다.

　뉴욕의 경우, 그러한 상황의 가장 첨예한 지점을 보여주는 풀뿌리적 거리의 감성(=소수자 정치)은 점점 더 미합중국 국내의 울타리를 넘어서 외부와의 연결지점을 움켜쥐기 시작하고 있다. 그 외부는 우선, 미 대륙과 맞닿아 있는 멕시코이다. 뉴욕이라는 도시 대부분의 생산현장에서 최하층 노동자로 편재해 있는 멕시코계 이민노동자의 권리를 지키기 위한 운동이 벌어지고 있으며, 최근에는 와하까시를 중심으로 멕시코 전 지역에서 벌어지고 있는 자율권 형성운동에 대한 지원으로까지 그 결실을 맺고 있다. 현재 뉴욕 이스트 39번가의 멕시코 영사관 앞에는 멕시코 정부에 대한 항의행동 전선이 형성되어 있다. 이처럼 뉴욕의 활동가 사회와 멕시코의 연관성을 결정적으로 만든 계기는 지난 10월 말 활동가 브래드 윌이 와하까에서 사복경찰관의 총탄에 살해된 사건이었다.

　와하까시 자율권 형성운동은 교원조합이 임금인상과 학교교육에 대한 지원 확대를 호소하며 중앙광장을 점거한 것에서부터 시작되었다. 2006년 7월 14일, 주정부가 이에 대한 무력탄압을 개시함에 따라 이 운동은 울리세스 루이스 주지사와 그를 지원하는 〈제도혁명당〉PRI의 퇴진을 요구하는 지역주민, 지역운동, 진보적 정치/사회운동의 대중연합인 〈와하까민중의회〉APPO로 발전했다.

〈APPO〉는 주정부 통치권의 무효와 자치권을 주장하면서 관청과 라디오 및 TV 방송국, 대학 등의 공공시설을 점거했다. 미합중국의 주요 미디어는 이러한 사실을 무시하고 있었지만 전 세계의 대안적인 미디어들은 이 자율권 형성운동에 주목하고 와하까를 '현대의 파리코뮌'이라 부르기 시작했다.

36세의 나이로 사망한 브래드 윌은 열정적인 사회운동 activism에 그의 생애를 바친 인물이었다. 이스트빌리지에서의 스쾃으로 시작하여, 북서부에서는 〈어스퍼스트!〉Earth First!의 '나무지킴이 운동'에 참가하였으며, 시애틀, 퀘벡, 프라하, 제노바 등지를 돌며 전지구적 정의운동을 펼쳤다. 9·11 이후 극심해진 단속으로 미국에서의 직접행동이 어려워진 이후에는 볼리비아, 에콰도르, 브라질, 페루, 아르헨티나, 멕시코 민중운동의 부흥에 주목하여 현지에서 이들을 지원하는 한편 인디미디어1의 기자로서 이 활동들을 기록해 왔다.

당초 멕시코의 미국대사관과 주요 미디어는 '윌은 경찰과 지역주민의 총격전에 휘말려 사망했다'고만 보도했다. 그러나 아이러니하게도, 윌의 최후의 비디오 기록에는 그를 살해한 경찰관의 모습이 담겨있다. 윌은 지역주민 곁에 서서 현장을 촬영하다 총탄에 맞았는데, 그 영상에 윌을 살해한 경찰의 모습이 찍힌 것이다. 질서안정을 구실로 삼아 와하까시에 즉각 군대를 파병하려 했던 폭스 정권의 시도는 물론, 폭스 정권을 지원/강화하려던 미합중국의 시도 또한 미국 시민이 살해된 이 사건으로 인해 제자리걸음 상태가 되었다.

와하까시에서는 현재 저격살인과 유괴 등 주정부에 의한 무력탄압이 격화되고 있으며, 〈APPO〉의 거점은 상당히 축소되어 위기에 처해 있다고 한다. 이곳 와하까의 자율권의 미래는 위태롭다. 하지만 파리코뮨 시대에는 생각조차 할 수 없었던 것이 하나 있다. 뜻있는 이름 모를 사람들이 자율적으로 만들어 내는 독립 미디어에 의해 세계의 눈이 그곳에 집중되고 있으며, 아무리 폭압적인 정권이라 할지라도 예전과 같은, 암실 속에서 휘두르는 듯한 폭거를 자행하기는 어려워졌다는 점이다. 이는 세계 민주주의 운동이 존속할 수 있는 소중한 지반이다. 미합중국의 음험한 손길이 중동을 향해 있는 사이에 사빠띠스따를 비롯한 남미의 민중운동은 싹을 틔우고 성장하며 지금까지 생존해 왔다 — 여기에 독립 미디어의 힘 또한 거름이 된 것이다. 세계 민주주의를 그 토대에서부터 보살피고 있는 것은 공화당이나 민주당의 정치가들이 아니다. 지역 민중들의 영웅적인 투쟁, 그리고 무수한 브래드 윌(=활동가)과 그/그녀들의 자주적인 행동이다. 만약 상하원의 역학관계 변화가 광신적인 인종차별주의자에 의한 이민노동자 유린이나 제정신이 아닌 국경봉쇄 기획을 파탄으로 몰고 간다면, 그것은 민주당 의원이 주도한 정책에 의한 결과가 아니라, 어디까지나 아래에서부터 위로 밀어붙이는 것을 멈추지 않고 있는 소수자 정치와 독립 미디어의 힘에 의한 것이리라.

2007

되살아나는 9·11 직후의 광경

뉴욕에 살고 있는 지인들 대부분은 9·11의 그라운드제로를 방문해 본 적이 없으며, 이 사건에 대해 직접적으로 말하지 않는다. 이는 우리에게 있어 실로 곤란한 주제이다. 한편, FOX 뉴스[1]나 CNN[2] 등의 주요 미디어는 이 사건의 기억을 오로지 애국주의의 맥락 위에 올려둔 채 호전적인 기풍을 부채질해 왔다. 그러나 지금, 전쟁의 성과나 근거에는 광범위한 물음표가 붙어 있으며, 세계무역센터의 재건설계획 또한 순조롭게 이루어지고 있다고는 말하기 어렵다. 이러한 상황에서는 주요 미디어들조차 지금까지처럼 단조로운 어투로 9·11에 대해 말할 수는 없게 되었다. 생각해 보면 사건 직후부터 지금까지 우리들은 **사건현장인**

이 도시공간에서 일어나고 있는 일들에 대해 이야기할 언어를 완전히 상실하고 있었다. 혹은 기억의 어느 부분을 억압해 왔는지도 모른다. 하지만 최근 들어 갑자기 그 풍경들이 생생하게 상기되기 시작했다. 마치 이들 주요 미디어들이 힘을 모아 부채질해 온 애국적 기풍의 저주가 풀리고, 가까스로 우리 스스로 생각할 수 있게 된 듯하다. 이는 우리들의 비판적 사고의 일시적인 패배였을지도 모른다. 하지만 동시에 미디어라고 하는 것의 힘(과 책임)을 역력히 보여 주고 있기도 하다.

9·11 비극 직후, 매일매일 거리에는 비일상적인 풍경이 펼쳐졌다. 다운타운 일대에 솟아오르는 거대한 매연, 코와 목구멍을 찌르는 매캐한 연기냄새, 사이렌을 울리며 돌아다니는 위장 순찰차, 거리 모퉁이마다 기관총으로 무장하고 서 있는 경찰특수부대, 요소요소를 철통같이 지키고 있는 국방군 병사들과 장갑차. 맨하튼섬을 연결하는 다리는 전부 봉쇄되고 해안에는 해상보안국의 무장 보트가 바삐 돌아다니고 있었다. 이곳저곳에 설치된 검문소에서는 누구나 심문의 대상이 되었다. 그 시점에 집을 떠나 있었던 맨하튼 주민들은 그 후 일주일이나 귀가를 허락받지 못했다. 캐널 스트리트 남쪽의 현장 근처에 살던 대부분의 주민들은, 길든 짧든 일정 기간 집으로 돌아가는 것을 금지당했다. 그라운드 제로[3]에서는 소방대원과 청소국

직원들을 중심으로 구조와 정비 등 힘든 작업이 계속되고 있었다. 그들을 태운 트럭이 지나가는 장소마다 성조기를 흔들며 큰소리로 응원하는 (근교에서 온) 애국자들의 모습이 보였다.

여기까지는 잘 알려진 사실일 것이다. 거의 알려지지 않은 것은 일반주민들의 모습이다. 직장에 나갈 수 없는 사람들이, 길모퉁이에서 만나 멈춰선 채 이야기를 나누었다. 물론 평소에는 볼 수 없는 풍경이었다. 모든 술집은 점심때부터 들썩거렸다. 친구들은 서로 안부를 확인했다. 나의 경우, 일본의 많은 지인들이 안부를 물어 준 것은 기쁜 추억이기도 하다. 재난 당한 친구들을 집에 묵게 하는 사람들도 많아 복수가족의 아파트가 증가했다. 몇몇 큰 병원 앞에는 헌혈 신청자들이 길게 줄을 지어 서 있었다(안타깝게도 결국 '모든 부상자=사망자'가 되었기 때문에 이것은 효과가 없었다). 몇몇 레스토랑은 이재민들과 구조/정비대원들을 위해 무료로 식사를 공급했다. 이 도시의 사회/정치운동과 역사적으로 깊은 인연을 가진 유니언 스퀘어에는 사람들이 죽은 이들을 위한 애도의 꽃다발을 들고 모여들었다. 여기서도 사람들은 이 사건의 해석과 보복전쟁의 시비 등을 둘러싸고 이런저런 대화를 나누었다. 전쟁을 시작하려는 부시 정권의 움직임을 눈치 챈 활동가 단체는 대규모 대책회의를 소집했다. 이것은 국가에 의한 비상사태에 대한 대처=군대에 의한 통제의 틈을 뚫고, 자생적으로 발생한 주민들의 자율권이었다. 대단히 완벽하다고는 말할 수 없지만 분명히 그 씨앗이 꽃을 피우기 시작하고 있었다.

나는 지난 11월, 한국 서울의 남쪽에 위치한 대추리라고 하는 농촌을 방문했다. 미군기지 확장계획에 반대하는 농민들이 그 지역에 남아 저항하고 있었다. 철조망으로 포위되어 감시당하고 있는 마을 내부에서는 농민과 그들을 지원하는 활동가들이 농사를 지으며 공생권을 형성하고 있었다. 독립라디오국과 기념관도 있었다. 이곳을 방문했을 때, 그곳의 인간관계와 거리 공간을 어딘가에서 본 듯한 기시감이 스쳤다. 그것은 바로 9·11 직후 주민들의 뉴욕이었다. 폭력과 군사위협이 바로 눈코 앞에 닥쳐오는 순간 사람들이 자생적으로 형성한 자율권이었다. 내가 이제야 겨우 그 시기의 뉴욕 거리의 어느 부분을 자율권이라고 부를 수 있게 된 것은 (미디어 저주의 와해에 덧붙여) 대추리를 본 덕분이다. 자율권이라는 것은 유토피아 안에만 있는 것이 아니라, 실제로 존재하는 것이다. 그것은 나에게 있어서 대단히 중대한 발견이었다.

우리는 지금 또 하나의 9·11을 상기한다. 지난 12월 10일, 칠레의 전 독재자 아우구스토 피노체트 장군이 사망했다. 닉슨 정권 하에서 키신저의 주선으로 1973년 9·11

에 그의 쿠데타가 성공했다. 이때도 3천 명 정도의 시민이 살해되었다. 미합중국의 이와 같은 대남미 정책은 신자유주의의 세계 제패를 준비하는 것이었다. 하지만 신자유주의의 위세가 한창인 오늘날, 남미 대부분의 지역은 정반대의 방향으로 달리기 시작했다. 사건은 복수의 방향으로 발전한다. 나쁜 일만 일어나는 것이 아니다. 그것을 포부로 새로운 해를 맞이하고 싶다.

14

역사적 숙명에 대항하기
혹은 토머스 핀천의 『그날에 맞서』

작년 말, 대략 10년 만에 토머스 핀천의 대작이 세상에 출현했다. 이곳, 뉴욕에서는 많은 지인들이 그 작품을 읽기 시작했지만 끝까지 읽어 낸 경우는 드물다. 그 분량만해도 무려 1,085쪽에 이르는, 저자의 작품 중에서도 가장 긴 글이기도 하다. 출판 직후에 쏟아진 평들은 매서웠다. 인물묘사가 얄팍하다, 지나치게 길다, 플롯의 구조가 너무 복잡하다……. 물론 타당한 지적들일 것이다. 하지만 이 괴물적인 기획에서 그러한 점들이 문제가 된다고 생각하지는 않는다.

이 책에서 읽게 되는 것은, 이를테면 설화의 착종체이다. 1백 명이 넘는 인물들이 등장해서는 서로 만나고 사라지고, 또 다시 나타난다. 모든 등장인물들의 이름을 다 기억하며 읽는 것은 도저히 불가능하다. 아메리카, 유럽, 멕시코, 중앙아시아 등 눈이 빙빙 돌 만큼 많은 배경을 무대로 열기구를 타는 사람, 과학자, 아나키스트, 노동운동가, 신비주의자, 발명가, 기업가(진주회사인 미키모토마저 나온다), 스파이, 음모가, 서커스단, 유토피아계획자 …… 등이 여기저기서 암약한다. 어느 분석가에 따르면 각각의 서브플롯은(비행기 모험 소설, 서부 복수 소설, 기인과학자 소설, 스파이탐험 소설 등) 당시 유행했던 다양한 대중소설 문체style를 차용하고 있다고 한다. 하지만 그 무수한 이야기들 속에서 명확하게 기승전결을 밟고 있다고 할 수 있는 이야기는 '자본가의 사주에 의한 급진적 아나키스트 노동운동가의 살해와 그 자식들의 복수'뿐이다. 이 소설의 시대적 배경은 1893년 시카고 만국박람회부터 1차 세계대전까지로, 요컨대 한편으로는 아나키즘, 유토피아의 계획, 테크놀로지의 눈부신 확대와 발전 등 미래에 대한 밝은 전망이 사람들에게 희망을 안겨준 동시에, 다른 한편으로 자본가들에 의한 세계 제패의 음모, 국민국가의 패권 싸움과 지정학적 재편, 반체제운동에 대한 잔인한 탄압이라는 어두운 추세가 세계를 억누르기 시작하던 때이다.

핀천에 의하면 '그것은 바로 전 세계를 휩쓸어 버릴 대란이 2, 3년 앞으로 다가오고 있는 시대, 억제할 수 없는 기업의 탐욕, 기만적인 신앙, 저능한 무책임, 상류계급의 악의로 가득 찬 시대이다.' 그렇다. 그리고 그건 바로 '지금'이 아닐까? 사빠띠스따의 봉기 이후 '다른 세계는 가능하다'는 희망에 이끌린 운동이 전 세계로 확대되었지만, 9·11 이후 미국의 기업=군사엘리트가 부추긴 전쟁의 편재라는 일상이 세계를 뒤덮고 있는 '지금' 말이다. 하지만 곧이어 핀천은 '현재와의 유추는 의도하고 있지 않으며, 상정되지도 않아야 한다'고 다짐한다. 다만 그는 다음과 같이 정의한다. '만약 이것이 세계가 아니라면, 이것은 두세 군데의 사소한 수정만으로 세계가 될 지도 모르는 것이다.'

요컨대 이 한 권의 책은 역사의 반복이라는 정리定理에 바탕을 두고, 어두운 시대의 불가피한 도래를 경고하는 숙명론의 태도를 취하고 있지만 그렇게 끝나지는 않는다. 문제는 오히려 여기에서부터이다. 혹은 거꾸로 생각하면 픽션과 현실, 과거와 현재의 유사성을 고려하기 이전에 여기서 시도되고 있는 것은 오히려 '가능한 세계'의 구축이다. 너무나도 복잡하게 구성된 플롯의 착종체는 애초부터 현실을 선적 서사로서 표상하고자 하지 않는다. 그것은 오히려 어디까지나 현실을 지향하는 사고/글쓰기ecriture의 운동이다. 또 그러한 전제 위에서 비로소 저자가 선택한 시대가 '1893년 시키고 만국박람회로부터 1차 세계대전 이후에 개시된 좌파 탄압의 시대', 즉 볼셰

비키에 의해 혁명운동이 국가화된 시대가 아니라 아나키 즘운동의 전성기였다는 점, 그 고유한 선택이 빛을 발하 기 시작한다.

'Against the Day'라는 제목은 다양한 해석이 가능하 다. '그 날the Day은 성서에서 말하는 '심판의 날'일 수도 있 고, 사진기술에서 말하는 '태양광선'일 수도 있으며, 혹은 '시대'를 뜻할 수도 있을 것이다. 문학에 문외한인 나에게, 무엇이 올바른 해석인지 독자여러분에게 가르칠 만한 능 력은 없다. 그러나 여기서 정말로 중요한 것은, 오히려 'against'가 아닐까라고 마음대로 생각해 본다. 그럼으로 써, 이후 올 상황에 대한 어떠한 법칙적=숙명적 '결정론'에 대해서도 저항하겠다는 주제가 도출된다.

그 가능 세계의 시간은 아직 정해지지 않은 이 현대의 시간 과 닮아 있다. 하지만 그 유사성의 정체는 사실적인 유사 성을 초월하여 그 착종성과 미정성에야말로 있다. 이러한 공명은 역사적 시간 안에 숨겨진 공간성, 혹은 기하학을 가리킨다. 우리에게 있어서 과거의 구축이 현재의 구축과 동시에 진행되고 있는 한, 현재가 미정인 것과 마찬가지 로 과거 또한 사실은 정해지지 않은 것이다. Against the Day가 자신의 무대로 선택한 '1893년 시카고 만국박람회 부터 1차 세계대전 직후'는 바로 그러한, 희망과 절망이 넘치는 미정성의 지표이다.

이번 회에 나는 다 읽지도 않은 책에 대해 논평을 하는 폭거를 저질렀다. 하지만 이 책에 한해서는 이러한 행위조차 용서받을 수 있지 않을까라고 생각해 본다. 이것은 오히려 완독하지 말아야 하는, 완독이 불가능한 책이다.

권력 또한 꿈을 꾼다

혹은 로버트 모제스 재평가에 대하여

현재 로버트 모제스(1888~1981)의 업적을 기리는 전시회가 뉴욕시립미술관, 퀸즈미술관, 콜롬비아 대학에서 동시에 개최되고 있다. 모제스는 뉴욕시의 근대화 추진이 정점에 이르렀던 1930년대부터 1950년대에 걸쳐 시의 토목과 및 공원과의 부장을 역임하며 독재적으로 시 안팎의 개발을 추진한 인물이다. 이번 전시회를 보면서 이 인물의 영향력에 다시 한 번 경탄하지 않을 수 없었다. 고속도로, 다리, 터널, 해안선 등의 물질적 기반에서부터, 대규모의 집합주택, 문화시설, 공원, 시립 수영장, 2회의 만국박람회까지. 그의 손이 닿지 않은 기획이 거의 없다고 해도 과언이 아니다.

모제스라는 인물과 그의 업적에 대해서는 로버트 카로가 쓴 평전, 『파워브로커』(1975년)에 상세히 분석되어 있으며 그 분석이 그간 모제스에 대한 평가의 토대를 형성해 왔다. 모제스의 권력 획득과 권력 사용 방식에 대한 이 책의 기술은 매우 뛰어난데, 수많은 지역 커뮤니티들을 힘으로 파괴하며 건설한 '브롱크스 횡단 고속도로'에 대한 부분은 우리에게 있어 특히나 관심을 끄는 대목이 아닐 수 없다.

세 장소에서 동시에 열리고 있는 이 전시회는 모제스에 대한 재평가를 시도하고 있다. 이 전시회 기획에 관여한 건축사가 힐러리 발런에 따르면, 기존의 모제스 평가가, 앞서 언급한 평전의 영향으로 인해 그가 행한 '파괴'만을 강조해 왔다면, 이번에는 이 전시회를 통해 그의 '달성'을 재인식하고자 한다는 것이다. 현재 뉴욕은 모제스 이래로 또 한 번의 대대적인 건설 붐을 맞이하고 있으며, 이를 정당화하기 위해 모제스 주도의 건설 붐이 형성했던 뉴욕시 토대구조infrastructure의 훌륭함을 재확인하고자 하는 요청이 있는 것이 아닐까라고 나는 해석한다.

모제스가 행한 많은 사업에는 기능성과 모더니스트 미학의 합일이 관철되고 있다. 모제스 자신은 미美에 전혀 관심을 두지 않았다고 하지만 시내에 자동차교통을 도입하여 미 대륙 전체와 연결한 것이나, 교외 개발을 목표로 건설한 다리 및 고속도로와 해안선이 결과적으로는 섬이나 강, 바다 등의 자연환경을 도시로 다시 끌어들여 형성한 기본 구조는 그 자체로 인간의 스케일을 훨씬 뛰어넘는 근대주의 미학을 '초실현'한 셈이다. 또 오랜 기간 동안 재정적으로 방치된 채 황폐화되었던, 인종적 소수자들이 거주하는 지구의 공원이나 공공 수영장, 해안 지역의 다양한 시설들이 최근 정비되어 재사용되고 있는데, 오늘날 새삼스레 그러한 시설들의 아름다움을 발견하고 경탄하는 사람들도 많다.

하지만 그것이 모제스에 대한 재평가로 이어지는 이유가 될까? 나의 견해로는, 모제스를 재평가하는 논리에는 몇 가지 오류가 있다. 우선 모제스에 대한 비판은 그 기획의 기능이나 미학적인 부분에 대한 것이 아니었다. 또 비판자들이 그가 달성한 업적이나 이점들을 전혀 모르는 것도 아니었다. 모제스에 대한 비판은 그럼에도 불구하고 ─ 슬럼정화작전으로 상징되는 ─ 주민의 의향을 완전히 무시한 채 진행된 그의 폭력적인 정책방식에 대한 도전이었다. 또 이러한 비판은 모제스 개인만이 아닌 시정부와 개발업자들에 대한 반대이기도 했다. 모제스는 그 당시 시의 대표였을 뿐이다. 이는 아주 단순명료하다. 민중에 의한 모제스 비판은 도시계획이나 건축의 맥락에서 행해진 것이 아니었다. 그것은 오히려 공간적으로 시각화할 수 없는 '사회적 영역'에서 이루어진 비판/도전이었다. 덧붙여 말하자면 이들 기획에 대해 최종적으로 '모제스의 것'이라는 소유격을 붙이는 것이 어디까지 타당한 것인지도 의심스럽다. 이 인물은 결국 대기업과 권력의 이해를 위해 일하고 있었다. 그것을 누구보다도 효율적으로 처리했기 때문에 언제까지나 그 권세를 자랑할 수 있었던 것이다. 그러므로 어떤 의미에서 칼로의 책이 말하고 있는 궁극적인 주제는 모제스가 아니라 현대적인 '권력의 작동'이라고 말할 수 있을 것이다.

지금 이루어지는 모제스 재평가에서 궁극적으로 부상하는 것은 도시라는 것을 어떻게 파악할 것인가라는 사상적 문제이다. 이 세 전시회의 기획에 관여하는 중심세력에게 있어 도시라는 것은 오직 공간적인 계획의 대상으로 파악될 뿐이다. 거기에는 어떤 계획에서도 — 특히 개발업자에 의해 주도된 개발계획에서는 반드시 — 누락되어 버리는, 마침 그곳에 살고 있던 민중들 속에서 생성되는 사회성에 대한 관점이 없다. 그런 의미에서 그들 역시 모제스와 같은 부류라고 말할 수 있다. 결국 모제스의 재등장이 의미하는 것은 새로운 공포시대의 시작이다. 자본과 권력이 마술적인 힘을 구사하여 그 거대한 몽상을 실현하려는 반면, 민중의 꿈은 갈수록 도시공간적인 스펙터클에 흡수되어 고유의 매체를 창조하는 것이 어렵게 되고 있다. 현대에 있어 '유토피아'가 끌어안고 있는 문제는 그것이 결코 실현될 수 없다는 것이 아니라, 악질적인 몽상이 지나치게 자주 실현된다는 점이다. 권력 또한 꿈을 꾼다. 최근 극히 악질적인 한 예는, 부시 정권의 화성탐사로켓 발사이다. 〈미국 우주항공국〉NASA의 기후학자 드류 신델이 지적하고 있듯이, 이러한 기획 때문에 위기에 처한 지구의 생태계를 탐사하기 위한 예산이 부족한 것임에 틀림없다.

지성과 문화의 탈젠트리피케이션

이번에는 좀 어두운 이야기를 하려고 한다. 부시 정권 하에서 미국이 일으킨 수많은 불상사와 악행이 연일 보도되고 있다. 이제는 제발 그만! 이 나라의 영향력을 생각해 볼 때, 그 사건들이 인류 전체의 미래에 끼치는 손상은 헤아릴 수조차 없다.

하지만 도대체 왜 미국 대중은 두 번씩이나 부시를 뽑았을까?

가장 큰 원인 중 하나는 혁신적이라 여겨지는 현대의 도시문화와 미국적인 대중 사이의 어긋남에 있다고 생각한다. 예를 들어 뉴욕에 대해 말하자면, 뉴욕이 미국적 내셔널리즘에 대항해 키워 온 타자성의 어떤 부분이 엘리트주의로 전환되어 미국 내륙에 퍼져 있는 대중적 기반을 멸시해 버리는 측면이 있다는 것을 부정할 수 없다.

이 도시에는 지식인이나 예술가가 많이 살고 있으며 그들 대부분은 자신들이 미국 내륙에 사는 무지하고 보수적인 대중과 달리 세계에 대한 정보, 발달된 의식, 비판적 사고능력을 가지고 있을 뿐 아니라 문화적으로도 훨씬 세련되었다고 믿고 있다. 하지만 그러한 믿음은 진정한 대안을 형성하는 것으로 이어지지는 않는다. 세련된 문화는 주로 특권계급의 사회 안에서 소비되고, 축적된 지성은 폐쇄적인 아카데미즘 내부에서의 발표로 소모되고 소비된다. 비판적인 담론도 많은 경우 멋들어진 디너파티 석상에서의 회화로 해소되어 버릴 뿐 실천으로 이어지지 않는다. 결국 맛있는 와인을 마시며 세상을 근심하고, 서로의 지성과 혁신성을 확인한 후 집으로 돌아간다.

특히 1990년대의 도시생활을 누린 세대는 어느 정도의 지성과 더불어 고급소비재로서의 '문화'에 둘러싸인 생활에 길들여져 버렸다. 예전에는 주변적이었던 전위적인 미술, 건축, 소설, 음악이 이제는 일상의 한 부분이 되었다. 시네마테크에 다니고, 전위적인 클럽에 드나들고, 이름난 레스토랑에 가는 것이 세련된 도시 생활자의 문장紋章이 되었다. 신용카드로 쇼핑을 하고 빚을 지는 것과 지적/문화적인 삶을 누리는 것이 범주적으로 서로 가까워졌다. 상하층을 막론하고 모두 쇼핑 전문가가 되었다. 현재 전면적으로 개화하고 있는 보수혁명의 전초가 우리의 내면을 차지해 버린 것이다.

뉴욕에 있어서 이는 특히 어두운 이야기이다. 이 도시가 수많은 민중의 노력으로 함께 만들어 온 전통, 특히 시각예술의 전통이 한낱 껍데기가 되기 시작했기 때문이다. 건축, 미술, 각종 디자인의 영역들이 선구적인 안내인이 되어 (프랑스의 정치/예술운동 상황주의자들이 예전에 지적한) 현대 자본주의의 지배원리로 기능하는 '스펙터클' 형성에 전면적으로 참여하고 있다. 이러한 영역들의 대두는 시각문화중심주의를 양성하고, 도시적 문제가 오로지 문화적 문제인 것처럼 보이는 환경을 만들어 내고 있다. 요컨대 도시에서 사회적 과정의 형성이 지적/문화적 계급의 의식으로부터 탈락해 가고 있는 것이다. 이리하여 지성과 문화는 고급소비재, 혹은 엘리트의 문장紋章이 되었다.

인류학자 데이빗 그레이버는 잡지 『하퍼스』의 2007년 1월호에 「이타주의자들의 군대 : 소외된 선행권에 관하여」라는 논문을 기재했다. 왜 미국 대중은 민주당 대신, 그들의 이해에 극단적으로 반하는 공화당에 투표할까? 왜 가난한 지방 출신의 청년들은 이렇게까지 부도덕한 전쟁에 굳이 참가할까? 그는 이러한 어려운 질문들을 던짐으로써 앞서 말한 지적/문화적 엘리트주의에 대해 정면 도전한다.

미국 내륙의 노동계급의 청년이 자신의 미래를 상상할 때, 자동차 세일즈맨이나 부동산 업자가 되어 성실한 생활을 하는 것은 상상할 수 있지만, 예술가가 되거나 철학을 가르치는 자신의 모습은 상상조차 할 수 없다. 이 '상상불가능성'에는 도시적인 지성과 문화로부터의 제도적 '소외'가 기능하고 있다. 무엇보다도 아이비리그로 대표되는 교육기관의 엄격한 계급적 선별이다. 지성과 문화에 대한 접근가능성이 박탈된 대중은 지성이나 문화와 동일화되는 혁신을 대표하는 민주당보다 '비즈니스'를 대표하는 공화당 쪽에 친근함을 느낄 수밖에 없다.

또한 다양한 지적/문화적 영역에서 '소외'된 사람이 단순한 돈벌이가 아닌 이타적인 행위, 사회에 선행을 베풀고 싶을 때 무엇을 할까? 군대에 가거나 경찰관이 된다. 그들이 군인이나 경찰관이 되는 것은 본성적으로 파시스트이기 때문이 아니라 그 이외의 '이타적인 행위의 가능성'을 이미 빼앗겨 버렸기 때문이다.

민중적인 노력의 다발로서 형성된 도시적 지성과 문화의 구축이 어느 지점에서부터인가 거대한 공중누각의 구축을 향하기 시작했다. 그리고 그 과정에서 미국적 대중을 경멸하기 시작했다. 북미의 혁신과 대중 사이의 어긋남에서 그 책임의 한 끝은 거기에 있다.

내가 이 어두운 이야기의 말미에 하고 싶은 말은 다음과 같다. 지성이든 문화든, 그 자체는 긍정적인 실천이다. 하지만 그 또한 억압적인 기구로 전환될 가능성을 갖는다. 그렇게 되었을 때에는, 당장 그것을 던져 버리고, 완전한 제로에서부터 다른 가능성을 찾는 것이 필요한 것이 아닐까? 그것이 바로 지성과 문화의 탈젠트리피케이션이다.

진보적인 '몽상의 정치'는 가능할까?

스티븐 던컴의 몽상에 대해서

왜 미국의 대중은 계속해서 보수파를 지지할까? 왜 이러한 폭압적인 정부 아래서조차 새로운 정치를 지향하지 않는 것일까? 16장에서 나는 이러한 절실한 질문에 대한 가능한 대답으로서 뉴욕 같은 대도시가 생산하는 선진적인 지성과 문화의 '계급성'을 지적했다. 미국의 대중은 그들의 상상력 속에서 이미 '진보적이라는 하나의 묶음'에 대한 접근가능성을 빼앗겼다. 이러한 사실이 새로운 세력의 광범위한 형성을 막고 있다.

이번 장에서도 응답을 시도해 보고자 한다. 이번 주제는 권력이나 보수 세력, 그리고 대기업들은 능숙하게 해내고 있지만 이른바 진보세력은 하지 못하고 있는 것, 요컨대 꿈이나 판타지와 같은 영역을 어떻게 정치에 개입시킬 것인가에 관한 고민이다. 과거 나치의 대중 스펙터클이나 현대 미국에서 부시 정권이 만들어 내는 다양한 이미지/정보조작에서 라스베가스의 건축, 텔레비전 속의 광고에 이르기까지 현대인은 '스펙터클'에 둘러싸여 살아가고 있다. 우리가 살아가는 이 어지러운 환경 자체가 보수·반동파의 압도적인 우위를 증명한다. 이에 반해서 사회혁명을 목표로 하는 측은 일관되게 이 영역으로부터 거리를 두고 있었다. 바로 그, 오랜 시간에 걸쳐 형성해 온 이성 중심적 사고방식 때문에, 진보파는— 계몽주의적 지성이나 과학적인 인식이 이해할 수 없는— 이 사실과 허구의 경계가 애매한, 수상쩍은 영역을 피해 왔다. 혹은 '두려워해 왔다'고 할 수도 있다. 하지만 진보적인 이데올로기가 아무리 그 조작의 허위를 지적하고 그 영역을 부정하려고 해도, 우리는 역시 꿈·욕망·판타지를 양식으로 삼아 살아가고 있다.

스티븐 던컴은 '환영의 시대에 다시 상상하는 진보정치'Re-imaging progressive Politics in an Age of Fantasy라는 부제를 단 『몽상』(New Press, 2007)이라는 저작에서 이를 '몽상의 정치'Dreampolitik이라고 불렀다. 뉴욕 대학에서 '미디어와 문화의 역사와 정치'에 대해 강의하고 있는 이 인물은 로어이스트사이드의 커뮤니티 운동에 참여하고 있으며, 거리를 축제적으로 해방하기 위한 국제적인 운동인 〈거리를 되찾자〉Reclaim the Street의 뉴욕 조직자 중 한 사람이기도 하다. 출판된 지 얼마 안 된 이 책은 활동가 그룹에서는 물론이고 각계에서 높은 평가를 받고 있다.

이 책은 진보적인 정치를 목표로 하는 측이 스펙터클이라는 영역을 적극적으로 사용해 나가야 함을 호소한다. 그러기 위해서 우리는 보수파로부터 배우는 것은 물론, 스스로의 전략을 세워야만 한다. '윤리적인 스펙터클'을 구축해야 하는 것이다. 스펙터클의 생산은 반드시 — 몇 번이나 반복된 거짓은 거짓이 아니게 된다는 식의 — 나치에서부터 부시 정권에 이르기까지 권력이 사용해 온 방식의 허위를 은폐하는 조작일 필요는 없다. 바그다드 침략 후, 귀환하는 항공모함 위에 전투기를 타고 나타나 '임무완료!'를 선언하던 파일럿 복장의 부시는 단순한 허풍쟁이일 뿐이었다. 하지만 여름휴가 중인 부시에게 면회를 요청하기 위해 뜨거운 여름의 텍사스에서 며칠씩이나 노숙하던 신디 시한이 구축한 스펙터클은 '자식의 전사'라는 그릇됨 없는 진실을 토대로 하고 있었다. 공화당의 어느 전략가는 그녀가 예전부터 반전운동가였다는 사실을 폭로하며 그녀의 호소가 '진실의 목소리가 아니다'라고 주장했지만 이는 그녀에 대한 평가에 어떤 영향도 끼치지 못했다. 미국 대중의 관심은 오직 부시가 그녀와 만날 기개를 가진 인물인지 아닌지에 집중되어 있었을 뿐이다.

물론 '윤리적인 스펙터클'이 반드시 비극적인 진실을 토대로 해야 하는 것은 아니다. 거짓을 은폐하기 위한 스펙터클이 아닌, 그것이 스펙터클이라는 것을 명시하는 '투명한 스펙터클'이면 된다. 이는 원래 카니발에서부터 시작된 민중문화의 급진적인 본성이었다. 던컴은 이러한 논의 위에서 현대의 사회운동이 품고 있는 유희성 혹은 퍼포먼스성에 주목한다. 이러한 운동은 이제 폭력장치의 구축을 목표로 하지 않는다. 다른 차원에서 다른 방법으로 대항한다. 나무로 된 총을 든 사빠띠스따의 봉기, 국제회의에 맞춰 조직되는 전지구적 정의 운동의 축제적인 저항, 〈거리를 되찾자〉가 거리에서 여는 커다란 축제, 〈부시를 지지하는 억만장자 유지 일동〉의 패러디극, 〈크리티컬 매스〉의 집단 자전거주행에 의한 도로의 해방 등. 이와 같은 현대 사회운동의 무수한 행위들이 정규의 정치체를 형성하는 것은 아니다. 하지만 이러한 행위들은 꿈과 욕망과 판타지에 호소하여 우리에게 미지의 가능성을 상상하는 힘을 준다는 점에서 던컴이 말하는 '몽상의 정치'의 원초적인 형태일 것이다.

대항적 '스펙터클'의 구축은 1990년대 중반 이후 (일본을 포함하여) 세계적인 사회운동의 주요한 전략이었다. 던컴의 저작은 보다 폭넓은 진보세력을 향해 이러한 경험의 핵심을 호소함으로써 스펙터클의 구축이라는 전략에 대중적인 기반을 부여하고자 하는 시도이다. 이는 당연하고도 절실한 시도이며, 이로 인해 무엇이 일어날지 기대하고 있다.

지구적 정의의 계보

<에이브라함 링컨여단> 재조명

　뉴욕시립박물관은 뉴욕시에서 가장 초라한 미술관이다. 뉴욕 중심가로부터 북쪽으로 떨어진 스패니쉬 할렘의 서쪽에 있다. 스타 건축가에 의한 개축이라든가 유명 예술가의 전시회 등으로 화제가 되는 일은 결코 없다. 기획예산도 관람객의 숫자도 적다. 일본에서 온 관광객은 거의 볼 수 없다. 하지만 이곳은 뉴욕에서 유일하게 뉴욕의 민중사에서 그 소재를 찾아 진지하고 정열적인 전시회를 기획하고 있는 귀중한 시설이다. 현재 이곳에서는 〈파시즘에 맞서다 : 뉴욕 그리고 스페인내전〉이라는 제목의 전시회가 개최되고 있다. 이 전시는 비극적이고도 찬란한 이 역사를 다시 답사함으로써 평소에 보기 힘든 전지구적 정의 운동의 계보를 부각시킨다.

1930년대 중반부터 후반에 이르는 기간 동안, 뉴욕에서 스페인내전은 지금으로서는 상상하기 어려울 정도의 큰 영향력을 가지고 있었다. 물론 세계화가 진행되고 있는 현재, 지구상의 국가와 국가, 장소와 장소의 관계성에 대한 분석들은 훨씬 진전되어 있음이 분명하다. 하지만 외국에서 벌어진 문제의 절박함이 뉴욕에서 이토록 폭넓게 공통의 상상력을 자극한 경험은 스페인내전 이후에는 그다지 없었던 것 같다. 스페인 공화국을 중심으로 하는 혁명세력이 프랑코/히틀러/무솔리니의 파시스트 연합에 의한 세계 제패를 저지하고 세계를 민주주의화할 수 있을까라는 문제는 우리 자신 한 사람 한 사람의 사활을 건 문제라는 실감이 대서양을 사이에 둔 뉴욕의 이민노동자나 젊은이들에게 분명히 있었다.

스페인 공화국을 지원하기 위한 자금모집이나 물자조달에서부터 미합중국 정부의 통상정지정책에 대한 항의에 이르기까지 뉴욕시립 대학의 학생들, 노동조합, 시민단체, 커뮤니티 연합이 한 몸이 되어 정열적으로 추진했다. 이는 당시의 혁신대연합을 목표로 한 '대중전선'의 구상과도 겹치는데, 실제로 유럽(히틀러)이나 북아프리카(무솔리니)에서 동포들이 마주한 위기를 경험하고 있었던 유대계와 흑인 좌익세력이 지도적 역할을 담당했다. 다른 한편으로는 폴 롭슨, 마샤 그레함, 랭스턴 휴즈, 릴리언 헬먼을 필두로 다수의 문화/지식인들도 이 운동에 정열적으로 개입했다.

이러한 추세 속에서 기꺼이 현지로 건너가 참전할 의지가 있는 그룹이 조직되었다. 국제자원군사조직 '국제여단'의 북미부를 구성했던 〈에이브라함 링컨여단〉이다. 전 구성원은 대략 2천 8백 명이었으며 뉴욕에서는 1천 명 정도가 참가했다. 미국 공산당을 중심으로 조직화가 진행되었지만 아나키스트나 급진적인 노동조합(〈워블리즈〉)의 멤버들도 포함되어 있었다. 뉴욕에서는 사병에 더해 보건/의료요원도 125명 정도 참가했다. 대부분이 한 번도 군사훈련을 받아본 적이 없음에도 불구하고 1936년도에 현지에 도착하자마자 바로 혹독한 근대전의 한 가운데로 내던져졌다. 1937년, 유럽 국가들은 '국제불가침위원회'를 발족시켜, 스페인에서의 자원활동을 금지한다. 그 후 전황은 차차 공화국 측에 불리하게 기울었고 1939년 마드리드는 결국 파시스트 손에 떨어지고 말았다. 〈링컨여단〉의 참가자 중 대략 3분의 1이 전사하고, 부상당하지 않은 사람은 거의 없었던 것으로 알려져 있다.

이번 전시회에서는, 지금은 고령이 된 남녀 참가자들의 비디오 인터뷰를 공개했다. 그들 모두 무명의, 대부분이 가난한 이민자, 혹은 태생이 인종적 소수자인 노동계급의 자녀들이었다. 그들은 자신의 출세를 최우선으로 삼을 법한 나이에, 민족성이나 국민성을 넘은 글로벌한 위기감, 책임감, 그리고 공감을 토대로 삼아 비상했다. 귀환후 대부분이 매카시즘의 탄압을 겪으면서도 다양한 형태로 사회 운동에 참가했다. 전시회의 주최자도 강조하듯이 그들의 존재와 에토스가 이후 공민권 운동, 베트남반전운동, 니카라과의 산디니스타 정권지지, 1차/2차 이라크 반전운동에 끼친 영향은 대단히 크다. 그럼에도 불구하고 그들의 존재는 어디까지나 역사의 배경으로 남아 있을 뿐 거의 말해지지 않는다.

'링컨여단'을 재조명하는 것은 몇 가지 중요한 문제를 던진다. 그중에서 가장 절실한 것은 아마도 우리의 '상상력'에 대한 문제일 것이다. 그것은 가시적인 상상력이라기보다는 비가시적인 관계에 대한 '구조적인 상상력'이다. 예를 들면 현재 뉴욕의 거품같은 번영이 ― 스펙터클로는 결코 보이지 않는 형태로 ― 어떻게 세계 각지의 눈물과 연결되어 있을까…… 그것을 우리는 어느 정도까지 우리자신의 사활을 건 문제로서 느끼는 것일까…… 그러한 의미에서 세계 각지를 이동하는 오늘날의 전지구적 정의 운동은 〈에이브러햄 링컨여단〉의 직계라고 할 수 있다. 예를 들어 지금 G8 정상회담이 열리고 있는 독일 하일리겐담 근교의 로스톡에 있는 뉴욕이나 도쿄의 젊은이들이 바로 그들이다.

19

공포에 의한 정치

지금 뉴욕에 있는 거의 모든 서점의 신간 코너는 부시 정권을 비판하는 책들이 차지하고 있다. 〈유엔인권선언〉, 〈제네바협정〉, 〈교토의정서〉 등 국제협정에 대한 방약무인한 무시, 허리케인 카트리나 재해지역에 대한 부실한 대응, 법을 무시하고 벌인 수많은 뒷공작, 수습할 수 없는 전쟁에 전 세계를 끌어들인 인류적 책임까지 ……. 대통령 선거를 앞둔 양당 후보자들도, 부시 정권이 벌인 정책과 자신들의 정책 사이에 어떤 차이가 있는지를 둘러싸고 싸우고 있다. 물론 부시가 손을 댔다가 내팽개쳐 버린 과제들에 휘둘린 채 아직까지 어떤 대안도 제시하지 못하는 민주당에 대한 불신 또한 깊다. 이 정권이 미합중국의 정

치체 및 입법 체계에 끼친 손상은 너무도 거대하여 어떤 새로운 정권도 그것을 복구할 수는 없을지도 모른다.

그러나 어떻게 해서 이런 일이 버젓이 행해질 수 있었던 걸까? 여기에는 몇 개의 요인이 있겠지만 가장 큰 계기는 바로 '9·11'이었다. '공포'→'애국'→'테러리즘과의 전쟁'이라는 회로가 9·11을 기회 삼아 구축되었다. 요컨대 국민의 '공포'를 토대로 삼고 그 위에 다양한 조작을 쌓아올려 비상사태적인 '호국체제'를 굳힘으로써 국내뿐만 아니라 세계의 대세를 결정지어 버렸다. 수렁에 빠진 이라크전쟁조차 이를 유지하기 위한 방편이 되었다. 미합중국의 대통령이 되려고 하는 이상 어떤 후보도 이 회로로부터 자유로울 수 없다. 또 이러한 회로가 작동하는 한 미합중국의 정치체는 비상사태적인 폭력을 행사할 권리를 계속해서 세계에 과시할 것이다.

물론 '공포'를 정치적으로 이용하는 것은 부시 정권이 발명한 것이 아니다. 그것은 국가의 본질에 관련된 문제로서 기나긴 역사와 다양한 사례를 갖고 있다. 극단적인 예로 부시 정권과 신보수주의자들을 지지해 온 북미의 커다란 보수/반동세력 중의 하나인 기독교 복음주의가 있는데 이는 '공포'를 '묵시록적'으로 절대화하고 있다. 이 교파의 대변자이자 베스트셀러 작가이기도 한 마이클 에반스는 부권적인 '가족의 가치'를 국민적 도덕으로, 이 도덕을 위기에 빠뜨리는 모든 '다른 것' — 진화론, 게이/레즈비언의 공민권, 임신중절 등 — 을 악으로 진단하는 한편, 국제정치에 대해서는 이스라엘과의 굳건한 공동 투쟁을 결의하며 이라크와의 전쟁을 부채질한다. 그의 언사는 '다른 것'들에 대한 '공포'를 계기로 삼음으로써 '절망'조차 추월한 '비극적'인 세계 인식, 혹은 비극조차 넘어 버린 '운명적'인 세계 인식, 요컨대 '신의 징벌'이나 '최후의 심판' 등 '절대적인 것'을 환기시킨다.

브룩클린 대학에서 강의를 하는 정치학자 코리 로빈에 의하면, '9·11'은 확실히 '새로운 공포시대'를 열어 버렸다. 하지만 그 이전에도 서양에서 '정치적 상상력'을 자극해 온 것은 언제나 '긍정적인 계기'보다는 위험성이나 대재앙과 같은 '최악의 사태'였다. '우리는 선을 알지는 못할지라도 틀림없이 악은 알고 있다.' 이것이 폭력에 의한 통치의 기본정신이다. 이 문제는 홉스로부터 몽테스키외, 토크빌, 아렌트에 이르기까지의 정치철학을 관통하고 있다.

그러나 이처럼 억압적인 통치도구인 '공포'는 역시 다른 어디에서보다 현대 미국에서 가장 전형적으로 나타나고 있다. 로빈은 이 '공포라는 스타일'이 어떻게 미합중국에서 가장 본질적인 것 — 헌법과 자유시장 — 을 통제해 왔는지를 밝혀낸다. 그 출처는 다름 아닌 '직장'이다. 미국에서 사람들이 가장 자신을 드러내놓고 말할 수 없는 장소인 직장이야말로 자유의 나라 미국이라는 신화와는 가장 거리가 먼 '억압과 공포가 지배하는 장소'이다. 20세기 초반, 철학자 존 듀이는 미국의 민주주의는 그것이 직장으로까지 확장되지 않는 이상 결국 실현되지 않을 것임을 예견했다. 또한 흑인 활동가이자 사상가인 W. E. B. 듀 보이스가 강조했듯이 노예해방이 이루어졌다고 여겨지는 남북전쟁 이후에도 흑인의 평등이 실현되지 않은 것은 무엇보다도 직장에서의 '공포' 혹은 '공포'를 매개로 한 인종관계 때문이었다.[1]

미국이라는 나라가 특별하다면, 그것은 그 안에 전지구적인 대립관계를 날것으로 품고 있기 때문일 것이다. 혹은 이 나라를 매개로 하여 그러한 대립들이 생산/확대되는 측면조차 있다. 이 나라는 선주민, 노예, 다양한 이민이라는 — 요컨대 세계민중들 간의 서열과 모순과 분단을 끌고 가고 있으며 그것이 가장 적나라하게 드러나는 것은 바로 직장이다. 각 그룹 간의 이러한 대립, 계급적 모순, 폭력이 고스란히 미합중국의 정치를 형성해 왔다. 즉, 타자=타인종에 대한 '공포'라는 부정항이야말로 지금까지 이 나라에서 특정 공동체와 그에 의한 지배가 강고하게 유지되는 원리인 것이다. 부시 정권은 그 미국적인 방법을 국내 수준에서는 물론 세계적인 수준에서도 실행할 수 있다고 믿는 가장 파렴치한 정책집단이다.

센트럴파크라는 장치

여름이 되면 센트럴파크를 걷고 싶어진다. 올해는 십여 년 만에, 반나절 동안 공원 남쪽 끝부터 북쪽 끝까지 걸으며 그 굉장함에 다시 한 번 놀랐다. 하지만 그 의장의 아름다움과 오묘함조차도, 거기에 개재해 있는 '계급적 정치'를 상쇄시킬 수는 없을 것이다.

센트럴파크는 도대체 무엇인가? 그것은 뉴욕 최대의 공원이자, 마천루가 줄줄이 늘어선 도심 한가운데에 153개의 블록에 걸쳐 펼쳐진 녹색의 구멍이다. 하지만 뉴욕시에서 센트럴파크가 가진 복합적인 의의와 기능에 대해 생각하다 보면 최종적으로 그것이 무엇인지 도무지 알 수 없게 된다.

먼저 센트럴파크의 의장에는 다른 곳에 없는 철저함이 있다. 그것은 '자연'을 인공적으로 구축하고자 하는 의지이다. 그 철저함이 방문자를 위한 독특한 '산책'의 공간을 연출한다. 날씨가 좋은 계절에 사람들은 잔디밭에서 뒹굴며 햇볕을 쬐거나, 책을 읽거나, 이야기를 나눈다. 근처에 사는 부자들은 조깅을 한다. 관광객용 마차가 돌아다닌다. 이런 것들도 좋다. 하지만 나는 이 공원은 무엇보다도 우선 걷기 위해서 고안된 공간이라고 생각한다. 암반을 다이너마이트로 파괴하며 구축한 적당한 기복, 곳곳에 노출된 커다란 암벽, 적당히 손을 댄 가로수들 — 이것들은 문명 이전의 맨하튼섬이 마치 그러했으리라는 듯이 **무구한 자연**을 표상/대행하고 있다. 그곳을 통과하는 오솔길은 공원 밖의 시가지를 종횡하는 도로들과는 대조적으로 구불구불하다. 하지만 그곳을 걷는 주체에게 있어 가장 중요한 것은 역시 이 자연환경 밖의 경관일 것이다. 이 공원 안의 자연환경은 그 자체를 바라보기 위해서라기보다는 그 환경 사이로 불쑥불쑥 얼굴을 내미는 문명을 보기 위한 무대이다. 나는 내 마음대로 이를 '역차경'[1]이라고 부른다.

예를 들어 웨스트 90번가와 91번가를 차지하고 있는, 1930년대 초반에 건설된 아르데코 건축풍의 고급아파트단지 '엘도라도'를 보는 것은 장관이다. 그곳에 사는 유력가들은 필시 콧대가 높을 것이다. 요컨대 이것은 문명을 살아가는 사람이 기분 내킬 때, 일상을 잊어버리고 헤매면서 잠시 자연을 가까이한 후 그 너머에 자신이 속한 세계를 보면서 다시 한 번 그 훌륭함을 확인하기 위한 장치이다.

미술사가 위베르 다미쉬는 이 공원을 '문화가 자연으로부터 멀어져 가는 드라마를 영원히 전시하기 위한 자연의 박제'라고 불렀다. 요컨대 센트럴파크는 변치 않는 그 모습을 보존함으로써 공원 밖에 바둑판 모양의 그리드로 펼쳐진 시가지에서 영원히 계속될 개발과 그에 의한 변화를 관찰하고 칭찬하기 위한 장치이다.

1811년에 바둑판 모양의 구획인 그리드에 대한 도시계획이 정식으로 인가되면서 뉴욕시 공간구축의 방향성이 결정되었다. 그 이후, 도시의 인구증가를 겪으면서 시민을 위한 공원 같은 장소, 특히 상징적인 시설의 필요성이 논의되었다. 1857년에 현상설계가 개최되고, 프레드릭 옴스테드의 안이 채용된다. 당시 이 계획의 주선자들은 이 공간을 자신들이 구축하고 있는 도시의 상징적 기원으로 삼으려 했음에 틀림없다. 그와 함께 과거의 말소가 계획되었다. 우선적으로는 네덜란드인에 의한 식민 이전, 대지를 점유하는 일 없이 자연과 공존하고 있던 먼시족 Munsee Indians의 문명이 그러한 말소의 대상이 되었다. 그

다음으로 말소된 것은 공원과 그 주변 부지에 살고 있었지만 공사로 인해 쫓겨난 아일랜드계, 독일계, 선주민계의 농민들이다. 그들은 콜레라의 유행을 막는다는 명목아래 다운타운에서 가축을 키우는 것을 금지당한 뒤 이 땅으로, 혹은 더 북쪽으로 이주한 사람들이었다. 또한 뉴욕 최초의 아프로 아메리칸 소유 거주구였던 '세네카 빌리지'도 말소되었다. 이곳은 흑인 자산가들과 세 개의 교회가 1825년경부터 토지를 구입하기 시작해, 농민을 중심으로 한 커뮤니티를 구축하기에 이르렀던 장소이다. 마지막으로 1860년부터 1873년까지 이 '자연의 박제'를 구축하는 현장에 투입된 대략 2만 명의 이민노동자들의 노동이 말소되었다. 이러한 말소야말로 뉴욕시의 유력자가 이상으로 삼은 '자연'의 유래由來이다.

센트럴파크는 정의상 공공시설이다. 하지만 이 '공공' 시설은 좀처럼 모든 시민을 위한 것이 되지 않았다. 뉴욕에 상징적인 공원을 만들자는 안이 제출되었을 때, 그 아래에는 이미 이 주변을 고급주택지로 만들려는 개발계획이 깔려 있었고 그로 인해 땅값이 대폭 올랐다. 한편 당시 다운타운에 거주하고 있던 대부분의 노동자 대중은 공원 남단의 59번가까지 가기 위해 고액의 마차를 탈 수는 없는 신세이므로 걸어야만 했다. 센트럴파크의 관리와 영업을 맡고 있는 것은 뉴욕시 공원과와 제휴한 민간 비영리단체인 〈센트럴파크관리위원회〉이다. 이 위원회는 공원 주위에 거주하는 유력자들로 구성되어 있으며, 그들에 의해 판단되는 공공의 이익이 모든 것에 우선시 된다. 예를 들어 이라크전쟁이 시작된 후, 공원 잔디밭에서의 반전집회는 한 번도 인가된 적이 없다. 그럼에도 불구하고 뉴욕민중은 이 공원을 가능한 한 자신들의 공간으로 사용하려 할 것이다. 그리고 그러한 계쟁이 계속되는 한에서만, 우리는 공원의 아름다움을 구가할 수 있다.

허드슨강의 글로벌한 시

「니그로, 강에 대해 말하다」[1]는 시성 랭스턴 휴즈 (1902~1967)의 처녀작이다. 미국 남부를 여행하던 19세의 젊은 휴즈는 기차 창문 밖에 펼쳐진 미시시피 강을 바라보며, 태생의 땅 아프리카에서 쫓겨난 노예의 자손인 아프로 아메리칸을 포함하는 모든 '흑인=the negro'이 역사적으로 세계 각지에서 겪었을 모든 강을 생각하며, 가지고 있던 봉투 뒤편에 이 한 편의 짧은 시를 썼다. 둘째 행에서 그는 '태곳적부터, 인간 혈맥에 피가 흐르기 전부터 이미 흐르고 있었던 강을 나는 안다'라고 읊은 후, '나의 영혼은 강처럼 깊게 자라 왔다'라고 첫 행의 모티브를 반복하며 이 시를 접는다.

이 작품은 할렘 르네상스의 형성에 커다란 공헌을 한 『크라이시스』지에 처음 실렸는데(1921년), 이 잡지의 초대 편집장이며 후대 아프로 아메리칸의 사상적/정신적 정체성 형성에 절대적인 영향력을 끼친 아름다운 책 『흑인 민중의 혼』(1903년)의 저자인 W. E. B. 듀 보이스에게 바쳐지고 있다.

듀 보이스에게 있어서 흑인 민중의 '혼'이란, 서양 백인 지배하의 미합중국에 존재하면서 우선적으로 스스로를 지배계급의 시점에서 열등한 것으로 바라볼 수밖에 없는 한편, 그러한 토대 위에서 비로소 자신의 본래성, 출신, 기원을 탐구하는 집단의 '이중의식'으로 파악된다. 휴즈는 아마도 이처럼 복합적인 의미를 가진 '혼'에, 기나긴 디아스포라의 역사 속에서 세계 각지의 수많은 강을 건넌 경험의 '깊이'를 더하려 했음에 틀림없다. '저녁노을 속에서 황금빛으로 물드는 이 강의 진흙 젖가슴을 줄곧 지켜보았다'고 읊을 때 미시시피는 노예폐지투쟁 승리의 영광으로 찬미되고 있다. 그렇다, 강에는 깊이와 반짝임이 함께 있어야만 한다. 하지만 그것만이 아니다. 그 근저에서부터 이 시를 떠받치고 있는 '강=rivers'은 물결을 타고 여행을 지속하는 '흐름'인 동시에, 반드시 건너야만 하는 장애이기도 한, 요컨대 세상의 온갖 (바다와 육지를 중개하는) 여행에 대한 비유이다.

서양 식민지주의가 조직한 삼각무역으로 인해 아프리카에서 남북아메리카 대륙으로 끌려온 노예와 그 자손들의 여정에는 여러 경로가 있었다. 특히 브라질이나 카리브해역의 여러 나라들에서 타인종과 섞이면서 그들은 각각의 독자적인 문화를 형성했다. 그런 다양한 장소적 고유성들을 제외한 채 '흑인=the negro'을 말할 수는 없다. 하지만 연대기적으로 생각해 볼 때, 노예제 폐지 후의 산업화=도시화에서 그들의 행로는 일반적으로 남에서 북으로 향한다. 그리하여 마침내 1920년대부터 1930년대의 할렘에서 그들의 대표들이 한데 모임으로써 글로벌한 '흑인'이 형성되었다. 듀 보이스의 사상과 휴즈의 시 또한 그러한 만남의 산물이라고 할 수 있다.

그렇게 생각할 때 휴즈의 '강'에는 불리지 않은 또 하나의 강이 숨겨져 있다. 난 이 시를 읽을 때마다 남몰래 그 강의 이름을 생각하곤 했다. 그것은 유프라테스 강, 콩고 강, 나일 강, 미시시피 강으로 이어져 온 최후의 강, 바로 허드슨 강이다. 이 강이야말로 수많은 바다를 넘고 거의 모든 대하를 건넌 '흑인'들에게 있어 하나의 도달점이었다.

이 땅에 살아 온 알곤킨어족계 마히칸족의 언어에서 이 강은 '양방향으로 흐르는 강'Muh-he-kun-ne-tuk이라 불리웠다. 조수 간만의 차에 따라 강 하구에서는 물의 흐름이

변하기 때문이다. 또 빙하의 마멸에 의해 형성된 하안으로 인해 정의상 피오르드fjord로 간주되는 이곳은 예로부터 알곤킨어족의 중요한 통상로였다. 서양인들이 거주하기 시작한 후부터 이 강은 보다 집중적으로 운반에 이용되었다. 계절에 따라 수량이 급격하게 변하는 탓에, 때에 따라서는 바다에서 들어온 원양항해용 대선박이 상류인 트로이Troy시 부근(284킬로미터 상류)까지 항해할 수도 있었다. 북방 산악지대에서 구한 모피를 맨하튼 남단의 식민지까지 운반하고, 대서양에서 잡은 고래를 허드슨 시까지 그대로 끌고 와서 해체했다. 19세기 중반에서 후반에 걸쳐서는 미국적인 풍경화로 유명한 유파 중 하나인 '허드슨 리버 화파'가 팰리세이드 혹은 허드슨 고지 부근의 풍경을 이상화된 자연으로 그려냈다. 이 허드슨 리버 화파의 화가들이 만들어 낸, 표상으로서의 무구한 자연(=아메리카)이라는 신화는 유럽으로까지 수출되었다.

이 강에는 복수의 이름과 표상이 붙어있다. 따라서 우리는 이 강으로부터 다양한 역사를 거슬러 올라갈 수 있다. 하지만 그중에서 가장 중요한 역사는 역시 휴즈가 노래하는 흑인민중이 걸어온 노정이다. 그 불가역성이야말로 세계화라는 인류형성운동의 윤리적인 기반이기 때문이다. 이 강에서 그들의 출신을 상상해 볼 수 있다. 진흙빛 미시시피 강의 흐름, 포르토프랭스의 항구2, 산후안의 성채3, 살바도르의 성당4, 리오 데 자네이로의 광장5 …….
그리고 — 지금은 상처투성이가 되어 버린 — 어머니의 땅 아프리카.

22

뉴욕 이후의 도시모델

뉴욕으로 건너온 지 4반세기나 지났다. 이곳에 뼈를 묻을 가능성이 높다. 나 스스로는 뚜렷한 목적을 가지고 이리로 건너와, 역시 뚜렷한 목적을 가지고 살아 왔다고 생각하고 싶지만, 실은 여러 가지 예상치 못한 사태들의 집적일 뿐이었다. 처음에는 단기유학을 생각하고 와 있었지만, 연인이 생기고 일을 하게 되면서 이곳에 사는 데 익숙해졌고 정신을 차려보니 이렇게 되어 있었다.

이곳으로 건너오기 전 20대 전반이었던 나는 선진 이론이나 예술에 관심을 가지고 그에 관련된 무언가를 하며 살고 싶다고 생각하고 있었다. 원래는 파리에 가려 했다. 당대를 풍미하던 제8대학에서 들뢰즈나 가따리의 강의를 듣고 싶다는 꿈도 있었다. 하지만 결국 뉴욕으로 와 버렸다. 오기 직전 들뢰즈가 아메리카 문학의 선행성에 대해 언급한 것, 프랑스의 지적 전위잡지 『텔켈』에 아메리카에 대한 특집 기사가 대대적으로 실린 것이 막연하게나마 영향을 끼쳤을지도 모른다. 파리는 학문, 뉴욕은 실천이라는 전형적인 도식도 내게 주입되어 있었다. 이렇게, 이론에 대한 관심을 가진 채로 나는 무언가 '다른 것'을 선택했던 것이다.

실제 뉴욕에 와 보니 사람과 사람의 교류가 자극적이어서 정말 침착하게 공부할 수 있는 장소는 아니었다. 돌이켜볼 때 1980년대의 뉴욕은 가히 기념할 만큼 생산적인 시대로, 사회운동은 물론 온갖 문화생산이, 활발하면서도 농밀한 사람들 간의 교류를 매개로 형성되고 있었다. 다양한 보헤미아 지구에서, 인종·계급·젠더를 횡단하는 교류가 새로운 문화를 형성하고 있었다.

하지만 거리의 더러움과 참담한 빈곤 또한 깜짝 놀랄 만한 것이었다. 이곳으로 건너왔을 당시, 이러한 참상에 침울해져서 공원에서 혼자 울었던 적조차 있었다. 일단 서양세계의 부분으로 분류되긴 하지만, 동아시아인이 볼 때 이 도시에는 유럽의 도시들 같은 품격과 아름다움은 전혀 없고 심각한 빈부격차로 인해 오히려 개발도상국에 가까운 분위기가 있다. 하지만 단기체류자의 입장에서, 다시 말해 오로지 외부의 시점에서 그 더러움들, 인종차별, 빈곤, 질병, 범죄와 같은 문제들을 보는 것과 실제로 이 위험지역에서 꽃피어난 운동이나 문화를 내부로부터 누리고 참가하는 것은 전혀 달랐다. 나 또한 어느 시점인가부터 안쪽의 인간이 되어 있었으며 더러움조차도 일상의 한 부분이 되었다.

프랑스 문학 연구자인 우카이 사토시[1]씨는 나와 개인적으로 나눈 대화에서, 자본주의와 그로 인한 개발이 이만큼 집중화된 도시에서 민중이 그것에 붙잡히는 것을 거절하며 스스로를 주장해 온 강도에 바로 뉴욕의 재미가 있는 것이 아니겠느냐는 말을 한 적이 있다. 그렇다, 그 격렬한 싸움으로 인해 뉴욕은 20세기 후반 메트로폴리스의 모델이 된 것이다. 그것이 대중mass 표상의 세계나 영화, 음악, 소설, 예술 등에 반영되면서 '뉴욕 신화'의 형성으로 이어졌다. 하지만 그것은 이미 과거의 일이다.

현재, 대규모 개발붐으로 인해 각지에서 건물공사가 진행되고 있다. 공동 주택의 역사를 가진 아파트 건물들이 차례차례 부서지고, 그 자리를 유리와 금속 프레임으로 만든 시간의 흐름이 새겨지지 않는 대형 건물들이 메꾸고 있다. 마틴 스콜세지 감독의 〈택시 드라이버〉(1976년)에 나왔던, 어둑한 가로등 불빛에 흐릿하게 보이는 타임스퀘어는 더 이상 존재하지 않는다. 지금 벌어지고 있는 개발 붐에서 뉴욕이 자신의 역사적인 모델로 삼고 있는 것은 1930년대 이후 대개발 시대의 뉴욕, 자동차교통을 시내로 도입하는 것을 개발의 중심으로 했던 시절의 뉴욕이다. 이를 위해, 주민들의 의사를 무시한 채 여러 슬럼지구를 파괴한 것으로 악명 높은 뉴욕시 관료 로버트 모제스를 재평가하기 위한 출판이나 전시회 기획도 벌어지고 있다. 이러한 개발 붐의 가속화가 프리덤 타워2의 구축(요컨대 이라크전쟁)과 동시에 진행되고 있는 것 또한 잊어서는 안 된다.

과거의 뉴욕과 똑같은 상황 ─ 개발과 민중적 자율의 투쟁 ─ 은 현재 비서양세계의 도시들에서 보다 큰 규모와 강도로 전개되고 있다. 그런 의미에서 뉴욕은 이제는 모델이 아니다. 만약 현재 모델이 있다고 하면, 그것은 이른바 메가슬럼 혹은 ─ 보아벤투라 데 소우자 산투스Boaventura de Sousa Santos 3가, 세계 북부에 의해 주도되는 신자유주의적인 세계화와 남부의 대안적인 세계화 간의 대립이 그 최전선을 형성하는 장소라고 말했던 ─ 브라질, 콜롬비아, 인도, 모잠비크, 남아프리카공화국 등 중간 개발국의 대도시들일 것이다.

우리에게는 더 이상 과거의 파리(19세기)나 뉴욕(20세기) 같은 하나의 메트로폴리스 모델은 없다. 그것은 앞으로도 성립할 수 없을 것이다. 모델은 오히려 간도시적인 네트워크가 될 것이다. 무엇보다도 도시민중 자신이 원래 간도시적 존재였기 때문이다. 다양한 분석이 보여 주듯이, 메가슬럼의 상황은 믿기 어려울 정도로 참담하다. 하지만 메가슬럼을 간도시적으로 살아가는 민중의 내부에서, 그리고 그들의 운동과 문화생산의 시점에서 쓰인 도시론은 아직 없다. 이동하는 민중의 내부에서 일구어지는 도시네트워크의 형성 ─ 이것이 21세기의 도시모델이 될 것이다.

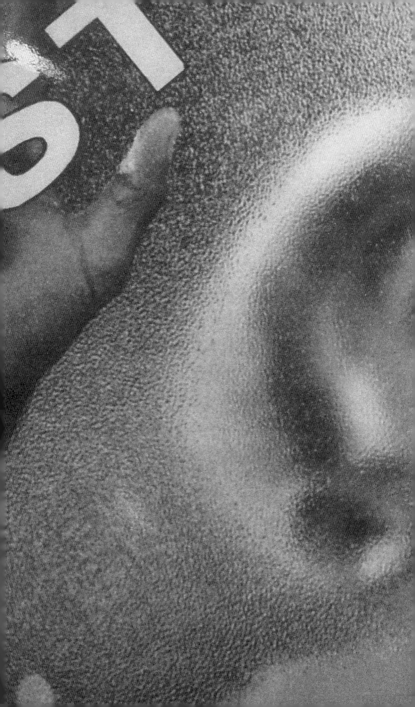

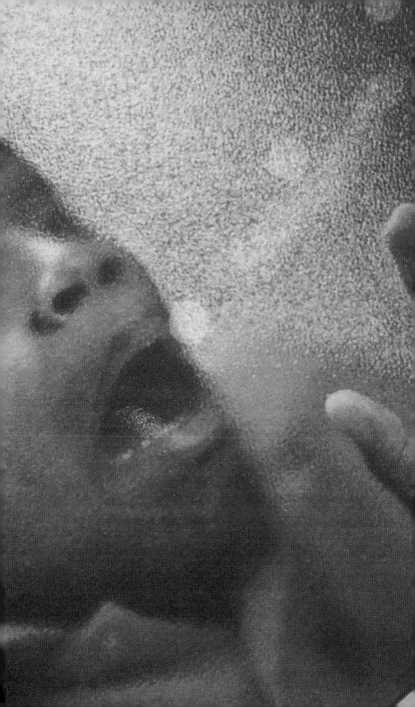

이론과 정치의 한계에 대해서

직접행동예찬

한국과 일본을 여행하고 돌아온 직후라 시차적응으로 고생하고 있다. 마치 열대를 방불케 하는 서울과 도쿄의 이상기후를 경험하며 일종의 위협까지 느꼈다. 하지만 선선한 가을을 기대하고 돌아온 뉴욕도 거의 똑같은 상태였기에 어이가 없었다. 대부분의 공공시설은 한여름인 양 에어컨을 가동하고 있었고, 캘리포니아의 산간지역은 계속해서 불타고 있었다. 이래도 되는 것일까? 지구환경의 위기에 대한 다양한 풍문들은 농담이 아니다. 하지만 정말 문제는 누구나 이 위기를 알고 있지만, 알고 있다고 해서 어찌 되는 것은 아니라는 그 사실이다.

1년쯤 전, 몇 명의 지식인들과 어느 파티에 동석한 일이 있다. 인상적이었던 것은 지구환경 문제에 대한 반응이었는데, 이에 관해서는 어느 누구도 대답할 수 없었다는 사실이다. 이는 알고 있다고 해서 답이 나오는 문제가 아니다. 이것은 오히려 우리 모두가 자신의 생활 형태와 존재양태를 변화시킬 수 있는가의 문제이다. 그때, 한 이론가가 자신이 젊었다면 '이론적인 사고'를 추진하는 대신 지극히 직접적인 결정을 내리는 급진적인 환경보호 운동에 개입했을 것이라는 말을 했고, 나는 그 말에 공감했다. 그렇다면 지금부터라도 하면 될 것이 아니냐는 반론도 있었다. 그 말도 맞다. 하지만 개개인의 인간에게는 사소하다고 생각하고 무시하고 싶어도 무시할 수 없는, 어찌할 수 없는 한계가 분명히 있다. 그러한 지점에서는 여태껏 **구축해** 온 지식이 장애로 작동하는 경우까지 생긴다. 반대로 직감적으로 인지하고 있을 뿐, 그 이상 필요 없는 것을 알지 못할 때/소유하고 있지 않을 때에 힘을 갖는 경우도 있다.

　'이론'이라는 거대누각을 구축해 버린 영역 내부에서는, 자신을 구축해 온 과정을 전제로 삼아 버리고 그로부터 발전하지 않으면 행동에 도달할 수 없다는 원칙을 작동시키는 경우가 있다. 이런 경우, '이론'을 표방하는 많은 지식인들은 '유일무이하게 올바른 세계혁명의 방향'을 발견하지 않는 한 무엇을 해도 쓸데없는 짓이라는 자세를 갖게 된다. 결국 그들 대부분이 대혁명론의 구축을 위한 동서고금의 저작에 묻힌 채, 일상적으로 실천되고 있는 다양한 활동들을 경시하거나 비난한다. 내가 볼 때 그 날의 대화에는 그러한 자세의 한계에 대한 **비통한** 탄식이 담겨 있었다.

얼마 전 『뉴욕타임즈』(2007년 10월 21일, 일요판)에 게재된 토마스 프리드맨의 논설은 이와는 또 다른 문제를 보여 주고 있다. 그는 '지구를 구하기 위해서는 똑똑하게 투표해야 한다'고 말한다. 친공화당이 아닌 친환경적인 대의정치를 목표로 해야 한다는 의도가 자명하다. 하지만 우리가 인지하고 있는 오늘날의 위기에는 '정치'라는 영역 전체의 한계가 뿌리 깊게 얽혀 있다. 국가권력의 통제와 관리에 바탕을 둔 정치라는 영역 자체가 전 세계에서 그 힘의 한계를 드러내기 시작했다. 무엇보다도 부시 정권이 몸소 보여준 그 한계를 ― 정치가 자본의 영향으로부터 자유롭지 않다는 것, 법은 어떻게든 해석되고 변경가능하다는 것, 그리고 국가는 일부의 이익만을 대표하는, 광범위하게 제도화된 폭력기구일 뿐이라는 것을 ― 무수한 사례들 역시 보여 주고 있다.

그런 의미에서 베네수엘라의 우고 차베스[1]나 볼리비아의 에보 모랄레스[2]로 대표되는 남미정권들은 많은 불명확한 지점들과 문제점을 갖고 있음에도 불구하고 신선하게 다가온다. 바로 최근까지 미합중국의 조종자들에 의해 통제받던 지역에 커다란 방향전환이 일어난 것이다. 이러한 신선함은 그 지도자들의 훌륭함 이상으로, 그것이 위기 속에서 일어선 다양한 민중운동의 영향으로 성립된 정권이라는 점, 정치가 그러한 영향을 상대적으로 계속해서 받아들이고 있다는 점에 기인한다. 이러한 사실은 정치라는 영역이 실은 정치인들의 사유물이거나 그들이 각별히 떠받드는 '국민의지'라는 모호한 것의 실현이 아니라, 훨씬 현실적인 압력과 영향에 의해 움직이는 것임을 보여준다. 미합중국이나 일본의 현 정권의 경우, 정치에 대한 주요한 압력/영향의 바탕은 세계자본인데 반해 베네수엘라나 볼리비아의 경우 그것은 다양한 민중운동이라는 점이 이들 민주주의간의 우열을 결정짓는다.

미합중국에서는 민중운동에 대한 탄압이 점점 더 심해지고 있다. 특히, 넓은 의미에서의 환경운동의 영역에서 직접행동을 마다하지 않는 단체들이 집중적으로 표적이 되고 있다. 이들이야말로 자본의 이권에 가장 위협적인 대상이기 때문이다. 이러한 단체들의 직접행동의 경우 사람에게 해를 끼치지 않고 기물이나 시설만을 표적으로 삼고 있음에도 불구하고 테러리즘이라는 딱지를 붙여 중죄로 처벌하고 있다. 주요 미디어들 또한 이러한 정보조작을 완전히 받아들이고 있다.

운동의 선두에 나설 수 있는 사람과 그렇지 않은 사람이 있다. 나이가 들었거나, 가정이나 (지적/경제적) 재산을 쌓은 사람들의 경우 가진 것이 없는 젊은이들과 함께 거리에 나가 싸우는 것이 좀처럼 쉽지는 않은 것이 사실이다. 하지만 그때, 보다 용기 있는 사람들이 감행하는 직접행동을 자신이 할 수 없다는 이유로 비판하는 것이 아니라 그 가치와 용감함을 칭찬하고 가능한 한 지원해야만한다. 이론도 정치도, 운동에 의해서 존재할 수 있을 뿐 그반대가 아니기 때문이다.

멍청이들의 벽

뉴욕의 도시공간은 이제 극히 세부적인 부분까지 보안체제에 의해 통제되고 있다. 사적/공적 오피스, 병원, 학교 및 어떤 시설을 방문해도, 거기엔 검문소가 있어 담당 직원이 사진이 있는 신분증명서를 요구하고 엄숙한 표정으로 미심쩍은 구석을 찾겠다는 듯이 사람의 얼굴을 살핀다. 주요 역이나 주식회사 소유의 건물 광장에는 도발적인 시선으로 사람들을 감시하는 민관民官 쌍방의 보안직원들이 보란 듯이 무기를 과시하며 배회하고 있다. 밤이 되면 번화가에는 시경 오토바이 부대가 폭주족인 양 엔진을 폭발시키며 자랑스레 집단주행을 한다. 그 자체만으로도 커다란 문제다. 하지만 이에 더해 날이 갈수록 심해지는 보안직원의 횡포는 가만히 보고만 있을 수가 없을 지경이다. 날마다 이런 문제들에 맞부딪쳐 화를 폭발시키지 않기 위한 노력을 하는 것만으로도 그만 녹초가 되어 버린다.

작년에, 사진가인 절친한 친구가 일 관계로 유엔건물을 촬영하려고 유엔건물이 잘 보이는 루즈벨트섬의 공영지에 발을 들여놓았다. 그곳에는 낚시꾼들도 여러 명 있었기 때문에 그다지 문제될 게 없다고 생각했다고 한다. 그러나 카메라를 들고 있던 그 친구만 체포되어 3일간 유치장 신세를 졌다. 당시 경찰관의 체포 명목은 '9·11 이후의 보안체제'였다. 그렇다, 부시 정권 아래(그리고 줄리아니 시정 아래) 모든 강경한 정책들은 바로 '9·11'이라는 기호 아래 자행되어 왔다. 그 안에서 이민은 당연하게 (유색인종의 경우엔 더더욱), 심지어 미합중국시민조차 의심의 눈길에 포착된다. 한편, 보안을 행사하는 직원의 권한은 비상시국이라는 명목 아래 점점 더 확대되고 있다. 사람이라면 일단 의심하라, 필요하다면 긴급수단에 호소하라. 예전에 이 땅의 '공복'公僕이 보여줬던 도시시민에 대한 존경은 완전히 사라지고, 오직 의심만이 유일한 관계형성의 수단이 되었다. 이러한 국가 정책은 권력을 행사하는 직원들을 갈수록 심한 '폭력집단'으로 만들고 있다. 이것이야말로 완전한 '정치의 책임'이다. 게다가 이들 조직은 정규 군대와 경찰은 물론 보안회사=사설무장조직으로까지 확대되고 있다. 세상이 정말로 '공인된 깡패들(자경단vigilante)'의 천국이 되고 있는 것이다. 이른바 경찰의 가혹행위police brutality 같은 문제들은 이러한 풍토에서 나오는 당연한 귀결인 것이다.

하지만 돌이켜보면, 이것이 새로운 사태는 아니다. 무수한 서부극에서 볼 수 있듯이 이는 아메리카의 전통이다. 이 나라에서는 예나 지금이나 핑커튼이나 〈KKK〉 혹은 〈미니트맨 프로젝트〉 같은 인종차별집단이 보수 정치가들과 밀접한 관계를 맺어 왔다. 폭력적인 보안체제는 그들의 사주를 통해 반복적으로 출현해 왔다. 뉴욕의 초기 보안정책의 예로, 지금은 뉴욕주식시장으로 알려진 유명한 월스트리트를 들 수 있다. 이 명칭은 실제로 그곳에 있던 벽에서 유래한다. 그것은 식민지와 그 주민을 외부 야만인의 땅으로부터 분리하고, 야만인들의 폭력으로부터 지킨다는 명분하에 19세기 중반에 건축된 후, 점차 강화된 벽이다. 하지만 이 벽의 바깥쪽은 식민지 내 주민을 위한 쓰레기장이 되어 황폐해졌으며 식민지가 벽 바깥을 넘어 점차 확대됨에 따라 벽 자체의 기능을 상실해 갔다.

보이는 벽, 보이지 않는 벽. 아무튼 국가는 벽을 좋아한다. 국가는 어디든 벽을 세운다. 사람과 사람의 관계에, 인종관계에, 계급 간에, 젠더 간에, 사유재산과 그 바깥에, 그리고 영토의 안과 밖에. 그것이 보안문화의 상징적인 특성이다. 하지만 어떤 벽이라도 결국 사회과정에 의해 초월되고 그 기능을 잃어버린다. 바꿔 말하면 사람과 사람의 교류는 국가와 그 보안신경증의 멍에를 초월하면서 지속된다. 만약 인류사에 필연적인 것이 있다면, 바로 이러한 추세일 것이다.

오늘날 가장 거대하고 참담한 벽은 이스라엘 거주지구와 팔레스타인 거주 지구를 분단하는 요르단 서안 지구의 분리벽일 것이다. 미국에서는 노동문제와 관련해서 멕시코 이민노동자에 대한 벽을, 테러리즘과 관련해서는 아랍계 이민에 대한 벽을 강화하려 하고 있다. 한편으로 그것은 미합중국/멕시코 국경의 군사화로 나타나고, 다른 한편으로는 CNN의 앵커 루 돕스[1]를 중심으로 하는 미디어의 반反이민 캠페인과 더불어 도시공간의 일상생활에 침투되고 있는 보안체제로 구현되고 있다.

의심, 증오, 금지, 강제, 폭력. 이것들은 세계에 대한 사랑과 신뢰를 버리고 타자와의 끈기 있는 교섭을 단념한 '멍청이들'의 성향이며 행동양식이다. 국가를 관장하는 정부기관이나 영향력을 자랑하는 미디어가 이러한 우매한 자들의 손에 있을 때 어떤 일이 생기는가? 미합중국 헌법을 몇 번이고 개정하는 과정에서 '청원권'으로 바뀌어간 항목 중에, 〈독립선언문〉에 쓰인 인민의 '저항권/혁명권'(제5조)이 있다. 미국의 보수파도 진보파도 못 본 척 해

온 미국 고유의 급진주의가 바로 여기에 있다. 토머스 제
퍼슨이나 제임스 매디슨은 민주주의라는 것이 일단 만들
어진 후 그대로 영속되는 것이 아니라, 우여곡절을 겪으
며 계속해서 형성되는 지극히 유동적인 과정이라는 것을
인식했음에 틀림없다. 오늘날 여기저기에 세워지는 벽으
로 인해 고통 받으면서 우리는, '만인의 민주주의'가 얼마
나 절실한 개념인지를 새삼스럽게 생각하지 않을 수 없다.

2008

두 개의 아메리카의 투쟁

아메리카. 누구나 이 이름을 사랑하는 동시에 미워한다. 두 개의 아메리카가 존재하고 있으며, 전 세계의 사람들 모두가 이 두 개의 아메리카에 불가피하게 끌려갈 수밖에 없기 때문이다. 첫 번째 아메리카는 세계민중에게, 무수한 대중문화가 꽃피어나는 훌륭한 토양을 제공한 가능성의 대지이고, 두 번째 아메리카는 일부 서양인이 사유화해 버림으로써 온 세계에 자신들만의 가치를 폭력적으로 밀어붙여 온 국민국가이다.

블루스를 좋아하지 않는 사람이 과연 누가 있겠는가? 원폭투하를 허용할 수 있는 사람이 도대체 어디 있겠는가?

그러나 이 두 개의 추세는 '아메리카'라는 복합체compound 안에서 아무리 잘라내도 다시 얽혀 버리는 뗄 수 없는 인연이 되어 있다. 아무리 생각해 봐도, 아메리카라는 강대한 부와 힘의 원천은 역사적으로 원래 이곳에 살던 사람들과, 강제적으로 연행되어 온 인종, 그리고 흘러들어온 각종 이민의 힘이다. 하지만 정치적 과정에서 그 힘은 늘 일부 지배자들의 통제 아래에 놓이게 된다. 이 얽힘의 이중성을 해체하고, 전자의 힘을 최대한 확장시키면서 후자를 이 세상에서 몰아낼 가능성을 생각하는 것은 우리의 유토피아적인 미래 구상에서 중대한 절차가 될 것이다.

예를 들어, 두 명의 현대 철학자 마이클 하트와 안토니오 네그리의 『제국』1, 『다중』2, 그리고 『공통체』3로 이어지는 공저에서, 아메리카는 일종의 특권적인 위상을 점유하고 있다. 그러한 위상 또한 이 이중성과 어딘가 관련이 있는 것 같다. 하트와 네그리에 있어서 아메리카는 하나의 민족, 국민, 통치형태로 귀속되지 않은 채 형성된 인류 최초의 '혼합정치체'이며, 그 특이한 프론티어로서의 가능성은 〈독립선언문〉에 다양한 형태의 흔적으로 새겨져 있다. 분명히 이 선언에 구가되는 ─ 생명권에서 시작하여, 저항과 혁명에 대한 권리들을 포함해 가는 ─ 만민의 여러 권리는 문자 그대로 해석했을 때, 엄청나게 급진적인 민주주의적 행동을 불러일으킬 만한 것이다. 다른 사람들 또한 강조하듯이, 이 정치체의 구상에는 아메리카 선주민(이로쿼이족)의 연합정치체에서 받은 영향도 엿보인다. 더불어 세계화라는 불가피한 과정을 생각해 볼 때, 아메리카의 형성은 그야말로 결정적인 출발이자 전환점이다.

남북아메리카의 형성은 분명, 세계 각지의 사람들이 — 그것을 원하든 원치 않든 관계없이 함께 — 참가한 사업 project이었다. 여기에는 물론 세계자본의 구축을 목표로 했던 식민지주의가 개입해 있으며, 강제로 끌려온 아프리카 노예들과 함부로 유린된 각지의 선주민 공동체가 흘린 엄청난 피와 눈물이 있다. 그러나 그 결과 형성된 희망의 대지를 향해, 보다 나은 생활을 꿈꾸는 세계 각지의 노동자/농민이 몰려왔으며, 그곳에서 새로운 부와 정치의 형태를 구축하고자 했다. 마르티니크 출신의 시인이자 철학자인 에두와르 글리쌍4이 카리브해역을 모델로 한 군도적 세계론이라는 글에서 사색하고 있듯이, 이제 우리는 전통적인 대륙적 시공간과는 다른 (역사적 귀결로서의) 복합적인 시공간에서 출발할 수밖에 없다. 이렇게 생각해 볼 때, 두 개의 아메리카라는 존재는 우리의 민중적인 상상력 속에서 어떠한 명료한 사고의 절차를 제공한다.

두 번째의 아메리카는 세계의 만민에게, 심지어 인류 형성에 새로운 토양을 제공하고 있는 신대륙에서조차 구대륙적인 종교와 민족적인 위계, 즉 하나의 역사(시간)와 하나의 통치형태(공간)를 밀어붙이는 힘이다. 한편, 우리가 사랑하지 않을 수 없는 첫 번째의 아메리카는 두 번째 아메리카에 맞서 어디까지나 복수의 역사(시간)와 통치형태(공간)를 발전시켜 나가는 가능성의 프론티어이다. 이러한 가능성, 첫 번째 아메리카가 제공하는 세계상은 어떤 것일까? — 사실 우리는 그 답을 이미 알고 있다.

가장 좋은 모델은 세계민중음악의 생성이다. 락, 블루스, 재즈, 레게, 살사, 삼바, 보사노바, 탱고, 볼레로, 폴크로레, 누에바 칸시온 …… — 이를테면 히가시 다쿠마5의 정열적인 연구가 시사하듯이 — 이러한 민중음악이야말로 인류형성사 속에서 세계민중이 구대륙과 신대륙을 잇고, 자신들이 흘린 피와 눈물을 넘어서며, 다양한 조합의 공동 작업을 통해 만들어 온 인류적 유산이다. 이것이야말로 글로벌한 민주주의의 모델이 될 수 있지 않을까.

음악이라는 문화영역의 특수성이 바로 여기에 있다. 이 영역에서 엘리트주의적인 전위는 성립할 수 없는 것이다. 여기서는 가장 민중적인 것이 급진적인 것이다. 여기서 균질화는 성립할 수 없다. 인종적, 민족적, 젠더적 차이, 요컨대 끝없는 차이화야말로 생산의 구동력이다.

이렇게 생각해 볼 때, 두 개의 아메리카는 비단 아메리카만의 문제가 아니다. 그것은 아메리카라는 대지/영토에서 가장 명료하게 드러나는 한편, 전 세계 어느 곳, 어느 국민국가에서나 공통적이고 보편적인 투쟁의 이름, 요컨대 '인류를 구축하는 투쟁'의 이름인 것이다.

CNN, FOX

TV가 만들어 내는 단일국민

오늘날 미국을 말할 때 9·11을 강조하는 것은 이미 너무나도 상투적인 것이 되어 버려, 어쩐지 촌스럽기까지 하다. 하지만 앞으로 미국 사회의 행방을 좌우할 결정적인 변화가 9·11을 계기로 열린 것은 사실이다. 따라서 나의 멋대가리 없음을 용서해 주기 바란다. 지금 문제 삼고 싶은 것은 9·11의 여러 여파 중에서도 가장 커다란 영향력을 갖고 있는 것 — 요컨대 텔레비전 미디어의 민심 통제를 통해 시도된 **본격적인 국민형성운동**이다. 특히 이 글에서는 CNN과 FOX 같은 유력 텔레비전 방송국을 중심으로 하는 거대미디어의 행동에 대해 말하고 싶다.

처음에 거대 미디어들은 아프가니스탄/이라크에 대한

군사개입을 무비판적/전체주의적으로 동조하는 논조의 보도를 했고, 이 단계에서 우리 같은 일반인이 보기에는 미디어가 정부의 정책을 따르고 있는 것 같았다. 물론, 언론이 그 본래의 비판적인 역할을 저버리고 있다는 비판적인 논의들 또한 이어졌다. 하지만 그 후, 역전이 일어나기 시작한다. 요컨대 부시 정권 정책의 문제가 점차 드러나는 상황에서 부상하기 시작한 것은 오히려 미디어 자체가 갖고 있는 지배력이었다.

더 이상 부시 정권에 동조하기 힘든 상황에서 미디어 권력은 부시 정권이 가진 문제를 지적하기 시작하지만, 결코 그에 대한 근본적인 비판으로는 향하지 않는다. 여기에 작동하는 것은 교묘한 억지력이다. 중립을 취한다는 명분 아래 명확한 사실과 그에 대한 비판을 공중에 매달아 놓고, 다른 한편에서는 끊임없이 초점을 옮기고 관심을 확산시킴으로써, 계속해서 현상을 유지한다. 그렇게 유지시키는 '현상'이란 것은, 미디어 자체가 — 사실과 그에 대한 보도를 순환적으로 결합시킴으로써 — 결정해 버리는 주요 사건들의 다발, 그 이상 그 이하도 아니다. 미디어에 의해 보도되는 것만이 존재하고, 보도되지 않는 것은 존재하지 않는다. 일방적인 정보통제를 통해 휘두르는 이러한 힘이 거의 단일한 세계인식을 형성해 내고 있다. 미국인은 텔레비전을 계속 보고, 텔레비전은 미국인을 만든다.

9·11 이후 미국의 지배자들이 목표로 삼은 것은 미디어를 매개로 치밀하게 일본형 국민을 구성해 내는 것이 아닐까라는 말을 어느 미국인 친구가 한 적이 있다. 생각해 보면 미국이야말로 애당초 라디오나 텔레비전 같은 전자 정보 기기를 발명하고 보급시킨 나라이다. 하지만 국민 전체가 그것에 빠져드는 이상한 집중현상이 달성된 것은 최근, 그러니까 9·11 이후의 일이다. 일개 지방 방송국이었던 CNN을 세계적인 네트워크로 성장하게 만든 1차 걸프전 개시 당시, 이미 공중폭격을 당하고 있는 바그다드의 영상은 대부분의 미국인, 아니 전 세계의 시선을 사로잡았다. 그때까지 어느 누구도 파괴가 이토록 아름다운 것인지 몰랐다. 그 후에도 한참 동안이나 사람들은 계속해서 텔레비전을 시청했다.

사람들을 다시 치명적인 텔레비전 의존증에 빠지게 한 것은 9·11이었다. 정보통신사상, 이렇게까지 충격적으로 '리얼한 것'을 관중들이 동시적으로 체험한 적은 결코 없었으며, 앞으로도 아마 드물 것이다. 이후 한참동안 두 대의 여객기 폭탄과 트윈타워의 붕괴가, 반복해서, 거듭 방영되었다. 그리고 그 이미지가 없어진 후에는 반복만이 제스처로 남아 강조되기 시작했다. 사람들은 이미 한 번 맛본 충격의 강도를 잊지 못하고, 날마다 텔레비전 앞으로 되돌아간다. 똑같은 경험을 맛보는 것은 이제 불가능할지라도, 그 빈 구멍을 여러 가지 다른 자극적인 것으로 채워 간다. 스포츠, 스캔들, 다우지수, 전쟁, 드라마, 대통령선거, 기독교 …… 매일 나타나는 똑같은 앵커, 반복해서 틀어주는 사건 장면들, 공화당/민주당이라는 2항 대립, 똑같은 의견의 변주, 똑같은 기도 …… .

특히나 악질적인 반복으로 우리의 기억에 남아 있는 것은 2005년 초반에 보도된, 테리 샤이보에 대한 영상이다. 날마다 텔레비전 화면 가득 뇌사상태에 있는 여성의 얼굴이 나타났고, 기독교 원리주의에 입각해 (사형제도는 장려하면서도) 생명은 절대 유지해야 한다고 강조하는 부시 형제의 강경한 태도가 반복적으로 강조되었다. 이와 동시에 거듭 상영된 것은 쇠약해질 대로 쇠약해진 채 죽음의 병상에 누워 있는 로마교황의 영상이었다. 내 주위에서는 너무나도 노골적인 종교문제의 전제專制에 지친 나머지 텔레비전 수신을 멈춰 버리는 친구들도 있었다.

그 자체로 반복강박적으로 구성되어 있는 뉴스프로그램을 통해서, 사람들은 세계와 만난다. 혹은 그것이 세계가 되어 간다. 미국에는 NHK방송국 같은 유일한 국민 매체도, 천황제 같은 유일한 국민적 상징도 없다. 하지만 확실히 오늘날 미국인은 미디어의 이러한 반복으로 인해 똑같은 세계상을 강박적으로 공유하기 시작하고 있다. 이 세계상에 누락되어 있는 것은, 예를 들면 '천황제가 없는 일본'의 가능성과 마찬가지로, '기독교인이 아닌 대통령'의 가능성이다.

민족, 인종, 종교, 언어 ······. 사실, 미디어 밖으로 눈을 돌리는 순간 어느 원리를 택하더라도 미국에서 단일한 토대를 가진 '본격적인 국민'의 형성이 불가능하다는 것은 분명해 보인다. 혹시 가능하다 할지라도, 그것은 정신이 아찔해질 정도로 먼 미래의 일일 것이다. 그러한 의미에서도 많은 전문가가 예측하듯이 미국은 — 경제적, 군사적, 국민적인 의미에서 — 가까운 미래에 중국에 선두를 빼앗길 것이 분명하다. 하지만 세계의 역학관계가 이 2항 대립으로 통제되고, 결과적으로 미국의 내셔널리즘과 중국의 내셔널리즘이 더욱 강력하게 형성된다면, 이 중에서 어느 쪽으로 힘이 옮겨가더라도 그 전망은 너무나도 어두울 수밖에 없다.

부동산 예술의 출현

뉴욕에는 대건설 붐이 한창이다. 내가 사는 건물의 경우 동서 양쪽에서 신축공사가 진행되고 있는 바람에, 매일 소음과 진동으로 고생하고 있다. 게다가 태양광을 전부 빼앗겨 버렸다. 서쪽 면에 있던 네 개의 창문이 모두 회색빛 벽돌로 막혀 버린 것이다. 예전엔 이 창문을 통해, 비록 건물 사이로나마 멀리 허드슨 강과 뉴저지 주를 바라볼 수 있었는데 지금은 창문 전체가 건물에 막혀 여명을 알아보기조차 힘들다. 해질 무렵 석양을 바라보며 술잔을 기울일 일도 더 이상은 없다.

이 개발 붐에는 일본의 버블시대를 상기시키는 몇 가지 측면이 있다. 한편으로는 시각예술을 중심으로 하는

고급문화가 상품화되어 살포됨으로, 도시를 한 없이 밝고 풍요롭게 보이게 만든다. 하지만 그와 동시에, 노동자 전반—특히 이민노동자—의 비공식화와 주변화가 진행되고 있다. 풍요로움이라는 껍질이 '빈곤'화라는 알맹이를 무정하게 감싸고 있다. 그와 함께 과도한 부동산 개발에서 비롯된 경제위기가 심화되고 있다. 무원칙적인 부동산 대출의 남발이 일으킨 위기가, 이미 이 특수한 산업 내에서 통제할 수 있는 수준을 초과하여 전체적인 경기 침체를 유발하고 있다고 한다. 주거용 고층빌딩들이 계속해서 건설되고 있지만, 건물을 짓기 전에 융자를 받아 선금을 냈던 구매자들이 이미 지불능력을 상실한 채 매월 지불금을 연체하는 탓에, 정작 완공된 후에는 소유자가 없이 방치된 건물이 늘어나고 있다. 특히 이스트리버를 사이에 끼고 맨하튼 동쪽에 위치한 브룩클린의 강변을 따라 지어지고 있는 건물들의 경우 사태는 심각하다. 요컨대 뉴욕에는, 사람이 아무도 살지 않는 무인 신축 건물들이 눈에 띄게 늘어나고 있다.

무인건물 현상이 일어나는 건 이런 경우만이 아니다. 소유자가 멀쩡한 경우에도 마찬가지 현상이 일어난다. 특히 이런 일이 많이 일어나는 건 투자대상으로 구입되는 고급아파트의 경우이다. 신축된 주택이 여행자를 위한 단기임대용으로만 쓰이거나 아니면 오직 매매의 대상으로서 잠들어 있는 것이다. 또 몇몇 최고급 주거용 빌딩의 경우 구입자가 내장을 완성시키지 못해 이주해 오지 않는 경우도 있다. 플라자 호텔 건물은 유명한 예이다. 세계적으로 유명한 호텔로서 1907년 이후 센트럴파크 동남쪽을 활기차게 만들었던 이 샤토 스타일의 대규모 건축은 호텔에서 고급아파트로의 개장 공사는 현재 끝난 상태이지만, 대부분 소유자들이 입주를 미룬 채로 방치되어 있다. 밤이면 불빛이 전혀 없는 이 거대한 무인건축이 거리를 유령타운으로 만들고 있다. 이러한 무인건물들이야말로 오늘날의 메트로폴리스가 품고 있는 문제를 고스란히 보여주고 있다.

한편, 건물의 무인화라는 현상에 호응이라도 하듯이 건물이 미적 대상으로 전환되는 현상이 진행되고 있다. 사실 유명한 건축물들은 언제나 미적 대상이었다. 하지만 글로벌한 거품 문화 시대에 그러한 거품을 가장 많이 향유하고 있는 뉴욕 등의 부유한 도시에서는 이러한 경향이 끝없이 확대되고 있다. 우선, 개발붐을 타고 등장한 여러 스타 건축가들의 '작품'이 도시에 편재된다. 다음으로, 이러한 고급 부동산물건을 일종의 '건축 작품', 혹은 '예술'로서 매매하는 전략이 출현한다. 예를 들어 주요 미술품 경매 시설인 소더비즈나 크리스티즈 등은 점점 더 적극적으로 부동산 경매에 뛰어들고 있다. 이들의 상품 카탈로그에는 미술작품들과 함께 부동산물건=건축 사진이 나열되어 있다. 한편 뉴욕현대미술관MOMA은 개관 초기부터 건축 작품의 대규모 쇼케이스를 기획하는 것으로 유명했다. 1954년에는 일본의 서원건축 양식으로 지어진 '쇼후소'松風荘, shofuso(요시무라 준조 설계)를 안마당에 전시했을 정도다. 최근 이 미술관은 건축 작품의 쇼케이스 전용으로 거대한 전시장을 준비하고 있다.

이전에 예술(=아트)이란 정말로 가격을 매길 수 없을 정도로, 가치가 높은 것(=숭고한 대상)이었다. 여기서 '가격을 매길 수 없다'는 것은 어떠한 '사용가치'도 초월한 미적 대상이라는 의미였다. 하지만 오늘날에는, 일상의 사용가치를 넘어선, 혹은 그것을 박탈당한 오브제의 상품화가 끝없이 확대되고 있다. '사용가치가 없는 대상'='순수교환가치로서의 대상'='터무니없는 고급품'이 양산되는 것이다. 신자유주의=버블경제 아래서 그것들은 순수한 투자의 대상(요컨대 교환가치)이던가, 초부유층만이 누리는 오브제로서 유통된다. 그러한 것을 가장 손쉽게 만드는 방법은, 대상을 '공간형식' 혹은 '시각적 대상'으로 환원하고, 그에 딸려 있는 부수적인 '사용가치'나 그 외의 번잡한 '사회적 과정'을 모두 박탈해 버리는 것이다. 시각문화 과잉의 시대인 오늘날, 예술작품은 물론 위에서 언급한 '부동산 예술' 혹은 '건축 작품' 또한 그 전형이 되었다.

사람이 살지 않는 '건축 작품'의 바깥에는 예나 지금이나 가난한 사람들이 배회하고 있다. 추운 겨울, 노숙자들은 온기가 올라오는 하수구 위에서 일시적이나마 몸을 녹인다. 그리고 사람들이 실제로 사는 집에 수도/가스/전기 같은 기본 서비스가 끊기는 일들 역시 여전히 벌어지고 있다.

포틀랜드에서 뉴욕을 보다

혹은 도시의 생태주의

　　북미 서해안의 두 도시, 포틀랜드와 샌프란시스코를
여행하고 돌아왔다. 근래 뉴욕 생활에 왠지 피폐한 기미
도 있었던 터라, 신선함을 많이 느낀 여행이었다. 샌프란
시스코의 아름다움과 특이함은 세계에서도 으뜸간다. 그
러나 포틀랜드에 대해서는 그다지 많이 알려져 있지 않다.
포틀랜드는 캘리포니아 주의 북쪽에 있는 오레곤 주에 속
하며, 더 북쪽에 있는 워싱턴 주와의 경계에 위치한 중소
도시이다. 이곳에 특별이 눈에 띄는 건축이나 기념비 등
시각/공간형식의 아름다움은 없다. 그런 의미에서는 단순
하고 소박한 도시이다. 하지만 이곳은 직접적으로 눈에
보이는 형태는 아니지만 커뮤니티의 형성과 문화생산에

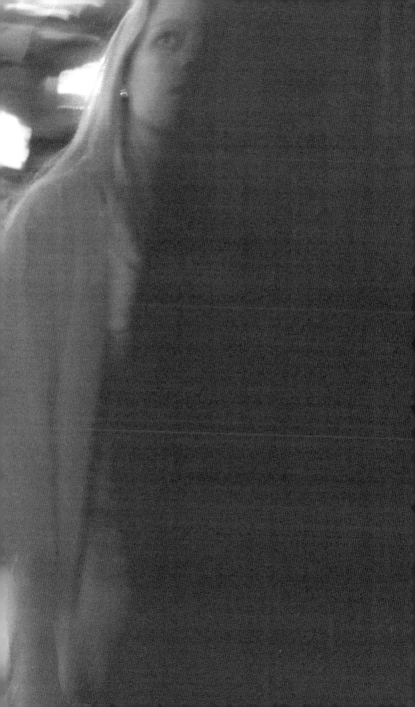

얽힌 약동하는 생명감으로 가득 차 있다.

지극히 검소한 비즈니스/상업/문화시설이 집중되어 있는 다운타운 바깥으로 중소산업지구와 주택가가 펼쳐져 있다. 중공업의 흔적은 별로 없다. 시가지를 세 부분으로 나누며 흐르고 있는 콜롬비아 강가를 따라 자전거도로가 길게 이어진다. 그리고 자전거를 중심으로 한 거리의 하위문화가 즐겁게 (때로는 광적이라고 말해도 좋을 만큼 활기차게) 존재하고 있다. 주택가에 세워진 가옥들은 소박하지만 건설회사가 일괄적으로 설계한 것이 아니라 각각 단독적인 개성이 빛나고, 대부분의 집들은 잔디를 가꾸는 대신 꽃이나 야채를 키우고 있다. 게다가 이곳에는 젊고 정열적인 예술가들이 모인 커뮤니티가 많이 있다. 뉴욕이 매매 중심의 예술 도시라면, 여기에는 아직 (유명작가라는 의미에서가 아닌) 예술의 창조자들이 존재하고 있다. 그리고 강력한 활동가 네트워크가 퍼져 있다. 이라크 반전운동만 두고 보더라도 전미에서 가장 과감한 싸움을 전개한 곳이 바로 이 도시이다. 또 넓은 의미에서건 좁은 의미에서건 생태학이 활동가들의 전통으로 뿌리 깊게 계승되고 있다. 공통공간으로서의 도시를 지키는 커뮤니티운동에서부터 직접행동을 토대로 하는 급진적인 녹색운동까지, 폭넓은 활동형태를 볼 수 있다. 야생의 나무에 몸을 묶고 벌채인들로부터 나무를 지키는 '나무 지킴이들'tree sitters도 이곳에서 많이 나왔다.

생태를 생각하면, 그것이 절박한 문제라는 것은 알고 있음에도 '도대체 나 자신이 무엇을 할 수 있나?'라고 생각하는 것이 극히 일반적이다. 이러한 의식은 아마 도시운동에서 민중의 참가가 감소될수록 점점 강화되어 갈 것이다. 뉴욕처럼, 선진자본주의와 고도의 테크놀로지에 이끌려 통제되는 사회에서 민중의 신체는 강력하고 정교한 도시적 인프라에 전적으로 의지하고 있다. 그곳에서 사람들은, 스스로가 이 도시공간을 창조하고 있다는 관점을 완전히 상실한 채, 자신에게 주어지는 압도적인 프로젝트를 그저 받아들일 뿐이다. 생태ecology 같은 거대한 문제들은 너무나도 멀게 느껴지기 때문에, 역시 국가, 자본, NGO 같은 큰 기구나 제도가 해결할 수밖에 없다고 생각하며 회피하고 만다.

바로 이런 측면에서 포틀랜드는 다른 형태의 모델을 제시하고 있다. 뉴욕처럼 물질적으로 형성되어 응고되고 있는 도시공간과 달리 어디까지나 미완으로 남아 있는, 앞으로 어느 방향으로 향할지 정해지지 않은 그 공간에는 민중이 개입할 가능성이 훨씬 많다. '자연'과 관계 맺는 방식이라는 측면에서도, 이를테면 태평양 연안의 도시내부까지 깊이 침투해 있는 장대한 자연을 몸으로 알고 있는 미국 북서부의 사람들이 그 자연이 파괴되는 광경을 본다면 사랑하는 사람이 살해되는 것을 눈앞에서 보는 듯한 슬픔과 분노를 느낄 것이 틀림없다. 하지만 정확하게 말해서 '생태주의'란 '인공'에 반대하여 '자연'을 지키자는 것이 아니다. 자연과 인공을 이분법적으로 나누는 사고에는 근본적인 오류가 있다. (이러한 이분법에서는 단순한 자연회귀주의나 숙명적 종말론 이상은 나올 수가 없다). 전투적인 정신분석가이자 철학자인 펠릭스 가따리가 이미 강조하였듯이 여기에는 '세 개의 생태주의' — 요컨대 '환경, 사회관계, 인간적 주체성' — 이라는 복수의 영역이 존재한다. 궁극적으로 그것은 우리가 외부와 상호적 관계성을 유지할 수 있을 것인가라는 문제이며, 그 토대로서의 지구, 우리 모두에게 있어 공통의 가능성이자 공통의 극한=한계로서의 지구라는 인식을 공유할 수 있느냐는 문제이다. 그것은 일찍이 아나키스트 지리학자인 엘리제 르클뤼 Elisée Reclus(1830~1905)가 말했던 '인간이 지구의 의식이 된다'는 이상과 관련된다. 그에게 있어서 자연환경이란 어디까지나 인간이 참가하여 만들어지는 것이었다. 하지만 세계자본주의와 그에 봉사하는 국가들은, 바로 그러한 자각을 누락시키면서, 지구에 자신들의 자의식을 밀어붙여 왔던 것이다.

생태주의는 앞으로 점점 더 국가와 자본의 표어로 쓰일 것이다. 인공적인 것과 분리된 채 괄호로 묶인 '자연환경'이란 ─ 그것이 무엇이건 간에 ─ 바로 자본이 투자하는 이상의 대상이다. 동시에 그 정도를 교묘하게 통제함으로써, 국가는 자신들이 '자연환경보호'에 봉사하고 있다는 터무니없는 말을 할 수 있다. 이러한 상황에서 우리 도시적 신체는 어떻게 '생태적인' 의식을 탈환하고 발전시켜 나가야 할 것인가.

대통령 선거의 악몽

대통령 선거에 관한 악몽을 꿨다. 올 11월에 있을 대통령 선거 후 모든 주에서 개표 조작이 매우 심해 부시대통령이 투표 무효를 선언한다. 대법원이 이 선언의 합법성을 따지고 하원과 상원에서 재선거를 할 것인지 말 것인지 토의하는 사이 새 대통령의 취임일이 다가와 버린다. 민주당의 반대 따위 아랑곳하지 않고, 부시가 정권의 자리에 눌러앉는다. 하지만 그 직후 부시가 큰 병을 얻어, 체니가 대통령이 되고, 맥케인을 부대통령으로 지명한다. 체니/맥케인은 미국 역사상 최강 팀으로 불리며, 텔레비전에서도 이란의 위협과 그에 대비하는 새 정권의 자세를 보도하고 있다.

개인적인 악몽이긴 하지만 이 꿈은 미국정치제도의 황폐함을 상당히 리얼하게 보여 주고 있을지도 모른다. 부정선거로 이득을 얻어 온 쪽을 굳이 택하라면 그것은 — 실제로는 양당 모두 그러했겠지만 — 공화당 측임에도 불구하고, 그것을 더 한층 밀고 나가 그 결과를 스스로 무효화시키는 수준, 정의도 인의도 미덕도 아무것도 없는 수준까지 타락한 '정치공작.' 이것을 꼭 허황된 이야기라고만은 할 수 없다.

부시/체니 팀이 고어/리버맨 팀을 무찔렀다고 여겨지는 2000년의 대통령선거에서는 득표수의 차이가 극히 적었던 탓에, 부시의 동생이 주지사를 역임하고 있으며 선거관리위원회에서도 공화당이 큰 힘을 가지고 있는 플로리다 주의 개표결과가 의문시 되었다. 고어측은 플로리다 주에서도 특히 4개 지역에서 기계가 아닌 사람으로 재개표를 시행할 것을 호소하였고, 이로 인해 주법원과 대법원이 휘말린 복잡한 법적투쟁이 시작되었다. 하지만 결국 대법원에서 플로리다 주의 재개표를 정지시키는 판결을 내림으로써 부시/체니팀의 승리가 공인된다. 이 과정의 끝자락에 보도되었던 공화당의 법정대책위원장, 제임스 베이커의 공식발표에는, 이러한 상태가 계속될 경우 — 요컨대 민주당 측이 이 논쟁을 끝내지 않으려 한다면, 부시/체니 측도 역습에 나설 수 있다는 공격적인 뉘앙스가 있

ARY the dvd

t all! in stores 5.03.05
OK WITH KEVNS BEFORE DISK PHOTOS!!!

었던 것으로 기억한다.

이 모든 과정에서 적나라하게 드러난 것은, 주의 정치가들과 대법원 판사들의 당파성partisanship이 국가의 결정에 커다란 영향을 끼치고 있다는 것이었다. 복잡한 선거 제도(정치), 개표 프로그램의 결함(테크놀로지), 헌법해석의 자의성(법)등, 국정에 있어서의 발본적인 문제가 확인되었다. 선거라는 제도를 더 이상 신용할 수 없으며, 정치는 결국 돈과 연줄과 힘의 조작일 뿐이라는 불신이 국민들 사이에 자라기 시작했다. 그것은 '뻔뻔함'과 '허탈함'으로 귀결한다. 그리고 같은 해 9월에 9·11이 도래한다. 부시 정권에 대한 비판과 함께 새로운 정권에 대한 기대도 분명히 있을 것이다. 그러나 결과가 어떻게 나오건 간에, 선거제도 그리고 법의 집행방식에 대한 불신은 어딘가에 남아 있을 수밖에 없다.

오늘날, 공화당과 민주당 양당을 포함한 대부분의 유력 정치가들은 이민에 대한 비난의 목소리를 높이고 있다. 그러한 풍조에 더해 반대파 일반을 테러리스트라고 단정하고, 예방이라는 명목 하에 그들을 예비범죄자로 만들어버리는 국방/안보문화(혹은 새로운 파시즘)가 그들을 사로잡고 있다. 이러한 풍조가 우익과 좌익을 막론하고 전지구적으로 '폭력문화'의 회귀를 재촉하고 있는 것 같다. 이러한 경향을 부채질해 온 것은 바로 9·11 이후의 미국

정부이다. 이러한 문제들이 총체적으로 미국 내 모든 부문의 황폐화를 유발하고 있다. 이제 사람들이 그 존재를 확신할 수 있는 것은 돈과 폭력밖에 없다. 하지만 사실 금전운조차 미국에서는 이미 사라진 것처럼 보인다.

덧붙여 말하면, 미국의 대통령 선거제도는 어딘지 모르게 합중국의 '건국'을 의례적으로 재연출하는 것처럼 보인다. 후보자들은 각주를 돌아다니며 연설을 하고, 그것으로 민중의 인기를 얻고자 하지만, 다른 차원에서 이 순례는 제국의 왕이 본질적으로 독립국가states이기도 한 각 주를 돌아다니며 그들을 통일하기 위한 행위인 것이다. 이는 주 단위에서 깃발을 세우고, 요란스럽게 대통령 후보를 고르는, 양당의 전당대회의 축제성에서도 표현된다. 선거제도의 문제점이 드러내 버렸듯이 각 주의 정치무대는 이미 공화/민주 양당에 의해 조작되는 이기적인 공간일 뿐이다. 하지만 만약 북미에 미래가 있다면, 그것은 제왕적인 뉘앙스의 대통령제에 있는 것이 아니라, 주제도에 존재하지 않을까. 혹은 작은 단위의 정치체들 간의 연방이라는 구상에, 가능한 세계의 미래가 숨어 있는 것은 아닐까.

최악의 경우, 북미에서 일어날 수 있는 하나의 미래는 내전civil war이다. 공화/민주당 정치의 황폐화와 폭력의 문화가 계속해서 확산된다면, 남는 것은 노골적인 힘과 힘의 투쟁밖에 없다. 그때 역사는 반복되고, 각 주와 그들의 연합이 주체가 될 것이다. 다른 하나의 가능성은 각 주들이 합중국으로부터 독립/분리하는 것이다. 분리주의의 전통은 사실 미국 전역에 음으로 양으로 살아남아 있다. 금전운이 다하고, 경제적으로 약체화되면 미국 국민의 생활은 당장 큰 난관에 직면하게 될 것이다. 하지만 국력의 약체화, 세계를 향한 폭력적인 개입의 정지야말로 미국에게 있어 다시 한번 그 진정한 영역, 요컨대 공통적인 것the common으로서의 대지의 가능성을 열어 줄 것이다. 그때, 공화/민주 양당의 대립은 다른 가능성, 각 주의 상대적 독립/분리라는 현실적인 선택지로서 나타날지도 모른다.

끝없이 회귀하는 경찰의 가혹행위

숀 벨 사건과 그 후

2006년 11월 15일, 퀸즈 지구의 클럽 앞에서 23세의 아프리카계 미국인 청년 숀 벨과 그의 친구 두 명이 세 명의 경찰관에 의해 저격당했다. 놀랍게도 오십 발이나 되는 탄환이 발포되었다! 마치 액션영화나 게임에서나 볼 수 있을 법한 장면이다. 두 명은 목숨은 건졌지만 중상을 입었고, 벨은 사망했다. 모두 경찰에 체포된 경력을 갖고 있는 이들 세 사람은, 이른바 '모범시민'은 아니다. 또 피해자 측의 주장과 경찰 측의 주장이 크게 엇갈려, 당시 정황에 대해서도 불분명한 점이 많이 남아 있다. 그러나 누구도 의심할 수 없는 사실이 하나 있다. 그것은 살아 있는, 무방비 상태의 인간을 향해 '오십 발의 탄환'이 발포되었다는 것이다. 심지어 경찰관이 시민을 향해 탄환을 발포했다. 이것은 해명의 여지가 없는 사실이다.

　뉴욕에서는 (그리고 미합중국에서는), 이 사건을 두고 '또!' 라는 기분이 드는 것을 어쩔 수가 없다. 최근에만 해도 로스엔젤레스에서의 폭동을 유발했던 로드니 킹(1992년)에서부터 아마두 디알로Amadou Bailo Diallo(1999년), 오스마네 종고Ousmane Zongo(2003년) …… . 피해자의 이름이라면 얼마든지 떠올릴 수 있다. 그들 모두가 아프리카계 청년들이다. 여기에 관해 벌써 몇 번인가 글을 썼기 때문에 반복해서 말하는 셈이지만, 이는 '구조적인 인종차별'의 결과다. '구조적'이라고 말하는 이유는 인종적 분리가 이 사회를 내부로부터 형성하는 '분업' 및 '도시공간 내 거주의 분리'를 형성하는 기본 원리가 되어 버렸기 때문이다. 통계적으로 살펴볼 때 뉴욕 5구에서 가장 낮은 생활수준과 가장 높은 범죄율은 언제나 같은 구역에 집중되어 나타난다는 사실, 이러한 지구에는 (아프리카와 라틴계를 중심으로 하는) 인종적 소수자들이 거주한다는 사실, 그리고 바로 이 지구에서 경찰의 가혹행위police brutality가 반복된다는 사실이야말로 미국이라는 나라의 정체성이 되어 버렸다. 이러한 사실에 진절머리를 내고 있는 것은 비단 아프리카계 미국인들만은 아니다. 그러나 그들이 느낄 억울함은 상상하기 힘들 것이다.

이야기는 여기에서 그치지 않는다. 뉴욕시장인 블룸 버그나 전 뉴욕 주지사인 파타키조차, 이 일은 어쨌건 경찰의 지나친 처사라는 입장을 표명했다. 대부분의 사람들이 재판을 통해 정당한 판결이 내려지길 기다리고 있었다. 그러나 2008년 4월 25일, 퀸즈의 주대법원에서 아서 쿠퍼맨 판사는 살아남은 피해자 두 명의 진술이 분명치 않다는 이유로 3인의 경찰관에 대한 살인미수, 폭행 등의 혐의를 모두 기각했다. 이날, 재판소 앞에는 판결을 기다리는 청중들이 모여 있었고, 그들은 이 믿을 수 없는 결과에 대한 분노를 다양한 형태로 표명했다. 기자 회견에서, 벨의 약혼녀 니콜 포터는 '그들이 또 한 번 숀을 살해했다'고 말했다. 맞는 말이다. 그러나 그 순간 내 머릿속에 떠오른 것은, 오시마 나기사 감독의 영화 〈교사형〉(1968년)에 등장했던, 처형당해도 죽지 않는 재일 조선인 소년이었다. 이 영화에서 올바른 죽음에 이르는 길은 자신의 범죄에 대한 사회적 인식을 획득하는 것밖에 없다. 같은 논리에서, 잘못된 반복/회귀의 구조를 끊어 버리고, 벨이 진정으로 죽을 수 있기 위해서는, 벨 개인뿐 아니라 미국 민중 전체가 이 '구조적 차별'에 대해서 충분히 논의하고 그것을 극복하는 수밖에 없다. 그리고 이는 하나의 민중운동을 생성하는 것일 수밖에 없다.

이 일을 계기로 뉴욕에는 어떤 의미에서 공민권 운동

의 재래라고도 볼 수 있는 움직임이 형성되고 있다. 5월 7일 알 샤프턴 목사가 지도하는 〈내셔널 액션 네트워크〉는 뉴욕 전체를 향해 '속도를 낮춰 시위'Slow Down Protest에 참여할 것을, 즉 도시 기능의 지연을 목표로 하는 직접행동/시민 불복종의 실천을 호소했다. 다음 날, 뉴욕에서는 다섯 곳의 장소에 몇백 명이 운집하였고, 그중 몇 그룹은 자신의 몸을 이용하여 다리나 터널을 봉쇄했다. 사람들은 발포된 탄환의 숫자를 상징하여 1부터 50까지 숫자를 센 후 '우리 모두가 숀 벨이다. 이 시스템 전체가 유죄다!'라고 외쳤다. 이날 59번가 다리와 홀랜드 터널의 자동차 교통이 (30분에서 40분 가량) 잠깐이기는 하지만 멈췄다. 이러한 직접행동에 반전운동 단체 〈WRL〉War Resisters League나 학생운동(〈SDS〉), 그 외에 다양한 그룹이 호응함으로써 커다란 대중운동으로 성장할 수 있는 계기가 형성되는 것이 분명히 느껴졌다.

이후에도 뉴욕 각지에서 다양한 그룹들이 집회 및 직접 행동을 조직하고 있다. 그러나 주요 신문/텔레비전은 아무리 봐도 '고의적'이라고밖에 생각할 수 없는 태도로 이러한 사건들을 철저히 봉쇄하려 하고 있다. 거의 정치적인 공격으로까지 보이는 이 완전한 무시는 이것이 경제력과 정치력을 모두 가지고 있는 세력의 냉소주의와, 무산자들의 진지하고 순박한 정념 사이의 싸움이이라는 것

을 보여준다. 그리고 그것이야말로 뉴욕이라는 도시가 갖
고 있는 적나라한 분단의 실체인 것이다.

지구적 밀집, 공생,
그리고 상호부조

전 세계의 사람들이 메트로폴리스에 모여든다. 이로 인해 출생도, 언어도, 문화도 다른 타자들이 어떤 공간 안에서 만나고 교류를 시작한다. 대립/투쟁이 일어나기도 하지만 그것을 넘어 새로운 관계성이 구축될 가능성 또한 그곳에서 비로소 싹튼다. '인류'라는 이름으로 총칭될 지구적 존재양태는 아마도 그러한 경험을 통해서만 획득될 수 있을 것이다. 그러한 의미에서 도시적 밀집은 가능성의 토대라고도 말할 수 있다.

하지만 도시적인 공생의 양태는 점점 더 어려워지고 있다. '용광로'melting pot라 불리는 미국의 대도시, 다양한 인종이 혼합된 그 도가니에서부터, 오늘날 세계 남부의 나라들에 출현하고 있는 수많은 '메가슬럼'에 이르기까지 사람들이 살아가는 환경/노동/생활조건은 점점 더 극도의 참담함으로 향하고 있다. 그뿐만이 아니다. 이제 도시적인 공생의 양태는 한 도시의 고유한 문제를 넘어, 도시들 간에 발생하는 연관성과 지구 전체의 위기로 나타나고 있다.

이러한 상황에서 점점 더 확고해지는 감각이 있다. 그것은 점점 더 작아지는 공간 속에서 점점 더 그 숫자가 많아지고 있는 타자들과 어떻게든 공생해야만 하는 상황이 우리에게 강요되고 있다는 것이다. 이종교배와 밀집의 강도는 치솟는 한편, 한때 무제한의 크기와 풍부함을 자랑했던 우리의 대지=지구는 점점 더 그 물리적인 한계를 드러내고 있다. 소위 '환경위기'라고 불리는 문제들은 실제로 상당히 심각하다. 그것은 이미 자연환경의 위기만을 가리키는 것이 아니다. 일찍이 전투적 정신분석가 펠릭스 가따리가 제창한 '자연 환경, 사회 환경, 정신 환경'의 세 영역을 포함하는 일반적인 '생태위기'를 안고 있다. 그것은 무엇을 의미하는가?

우리들이 지금껏 사회적으로 존재하기 위해 의지해 온 모든 것, 대부분 의지하고 있다는 의식조차 없이 존재를 기대 온 모체인 '공통적인 것'the common이 — 요컨대 공유지, 자원, 집합신체로서의 지구 자체가 — 위기에 직면해 있으며, 마침내는 그 위기를 스스로 역설적인 방식으로 말하기 시작한 것은 아닐까? 지구는 우리들의 가능성의 토대인 동시에 자본주의가 자기증식하기 위해 수탈해 온 부의 원천이기도 했다. 그러한 토대가 자본주의의 과도한 유린으로 인해 결국은 그 물리적 한계를 보이기 시작한 것이다. 이 '공통적인 것'은 이미 유토피아적인 언어로만 인류의 미래를 말하고 있지 않다. 한편에 유토피아의 희망을 품고 있으면서도, 다른 한편에선 지구의 한계와 붕괴의 가능성에 한숨을 토해 내지 않을 수가 없는 것이다.

이러한 전환점은 우리에게 있어 결정적인 인식론적 태도의 변경을 재촉하는 것 같다. 그것은 인류/세계를 사고할 때, 더 이상 '대립/투쟁 모델'에 기댈 수 없다는 사실이다. '대립/모순과 그것의 통합/해결'이라는 사고방식은 언뜻 볼 땐 그럴듯한 것 같지만 사실은 너무나 비현실적이다. 우선 '대립/투쟁'은 영속하지도 않지만 완전히 '통합/해결'되는 일도 결코 없다. 대부분의 경우, 일정한 강도와 긴장을 유지하며, 정체하고, 존속하고, 응고하고, 소멸하고, 혹은 회귀한다. 또 대립/투쟁이 진행되고 있는 상황에서도 다른 차원에서는 언제나 '절충/협조/야합'이 진행되고 있다. 요컨대 불가피한 공생 상태가 어떤 토대로서 분명히 개재해 있다. 궁극적으로 우리들은 지구라고 지명할 수밖에 없는 '공통적인 것'에 의존해 있기 때문이다.

만약 우리들이 계속해서 이 '대립/투쟁 모델'에 구애된다면, 사회는 점점 더 다양한 형태의 광적인 타자배척으로 향할 수밖에 없을 것이다. 이에 맞서기 위해 필요한 것은 '공통적인 것'이 가진 숙명적인 선행성을 토대로 하는 사고이다. '얽힘 모델'이라고도 말할 수 있을 이러한 사고는, 대립/투쟁이 반드시 통합/해결로 향하지는 않는다는 것을 전제로, '절충/협조/야합'을 보다 고도로 발전시켜 나가고자 하는 것이다. 혹은 불가피한 공생 상태를 전제로 삼아 차이를 긍정적인 원리로 바꾸는 것이기도 하다. 이렇게 생각해 보면, 지금까지 이상주의적이라고 비판받아 온 아나키스트적 원리들—자율autonomy, 자주연합voluntary association, 자기조직화self-organization, 상호부조mutual aid, 그리고 직접민주주의direct democracy— 이 지금껏 보지 못했던 절박한 리얼리티를 가지고 일어서기 시작하는 것이 아닐까?

그런 의미에서, 더 이상 이 원리들을 이상주의라고 부를 수는 없다. 오히려 이러한 원리들은 불가피성으로 변이하고 있다. 아니 보다 분명히 말하자. 지금까지도, 이 원리들을 믿고 일상 속에서 조용히 실천해 온 사람들이 분명히 있다. 문제는 주요한 언설의 형성을 지배하는 부권父權적 권력이 국민이나, 당, 가족, 그 외 온갖 권위를 대표하여 '대립/투쟁과 그 통일/해결'을 큰소리쳐 왔다는 점이다. 무언의 실천을 해 온 사람들은 물론, 보이지 않는 일상의 온갖 국면에서 언제나 스스로의 몸과 마음을 다하여, 권력자들이 뿌려놓은 문제를 뒤치다꺼리해 온 여성, 인종적 소수자, 무산자들을 말한다.

브룩클린의 2008년
반^{反}G8운동 보고회

일본에서 돌아온 지 아직 한 달도 채 지나지 않았지만, 일본에서의 반G8운동에 참가했던 뉴욕 활동가 4명의 보고회가 지난 8월 4일 밤에 이미 열렸다. 브룩클린에 있는 〈당신이 보고 싶은 변화〉라는 이름의 이벤트 공간에서였다. 당시 운동을 조직한 사람들 중 한 명이었던 나는 다양한 생각들이 머릿속에 가득해 여전히 혼란스러운 상태이다. 따라서 이번 행사에는 내가 무언가 얘기하기보다 미국인 활동가들의 의견이나 인상을 듣고 싶다는 마음으로 참가했다. 청중도 많이 모여들고 이야기도 활발하게 오가 성황리에 마무리된 행사였다.

다양한 이야기가 오갔지만 공통된 의견을 정리해 보

자. 이의제기protest라는 차원에서 이번 G8반대운동이 성공적이었다고 말하기는 어렵다. 새로운 저항의 언어가 개발되지 못했다. 이는 기이하리만큼 엄격한 일본의 법 제도 때문이기도 하지만, 낯선 상황에 마주친 구미의 참가자들이 유연하고 창조적으로 대응하지 못했기 때문이기도 하다. '대항포럼'의 경우 주제가 마구잡이로 나뉘어 초점이 분명하지 않았다. G8과, 이에 대항하는 운동을 분석하는 데에 초점을 두었어야 하지 않을까. 토야코洞爺湖주변의 캠프에 대해서도, 캠프를 세 개로 나누어 설치한 걸 포함하여 그 목적과 기능이 명료하지 않았다.

더불어 지금까지 이어져 온 반정상회담운동이 전반적으로 안고 있던 문제로, G8 자체의 애매한 성격이 그것에 대항하는 운동에까지 반영되어 버린 것은 아니냐는 문제제기가 있었다. 진지하게 해결할 마음이 있는지 어떤지도 알 수 없는, 밑도 끝도 없이 추상적인 주제를 둘러싸고 전대미문의 보안체제를 펼치며 철저한 출입국 관리 및 탄압을 저지르는 — 요컨대 진정한 목적과 기능이 불명료한 — G8. 하지만 그것에 대항하는 운동이 G8의 무의미한 본질을 밝혀내기는커녕, 목표가 있는지 없는지조차 알 수 없는 그 분열증적인 경향을 답습하고 있는 것은 아닐까. 대단히 엄격한 비판이지만, 분명히 그들은 이 문제점들을 타국/타인의 문제가 아닌 **자신의 문제**로서 제기하고 있었다.

이는 앞으로 전지구적 정의 운동이 극복해야만 하는 과제이기도 하다.

이런 모든 결점에도 불구하고 반G8 2008년은 역시 훌륭한 사건이었다. 이는 특히, 국제 연대와 교류를 향한 일본 활동가들의 진지한 정열과 보기 드문 배려에 힘입은 결과이다. 대부분의 외국인들이 각자 자신의 관심과 상응하는 어피니티^{affinity} 1를 발견하고 돌아올 수 있었으며, 결과적으로 이것은 훌륭한 체험이 되었다. 그러한 지점에서 분명히 글로벌한 민중 네트워크의 구축이 시작된 것이다.

이 모임을 마무리하며 나는 두 가지에 대해 발언했다. 첫째는 노동자에 대한 경찰관의 폭행으로 인해 불붙은 오사카 가마가사키^{釜ヶ崎} 노동자들의 폭동에 대한 것이다. 이 사건은 반G8운동이 직접적으로 시작되기 전에 일어났지만, 반G8운동과 전혀 관계가 없다고는 말할 수 없다. 경찰의 폭력 자체가 G8을 앞두고 과잉된 국가보안체제에 기인한 것이고 폭동이 그러한 보안체제에 대한 민중의 저항인 이상 그것은 반G8이라는 큰 사건의 한 부분으로 생각해야만 하지 않을까. 둘째, 일본의 반G8운동은 해외 여러 활동가들의 참가로 인해 지금까지 없었던 중요한 의의를 갖게 되었고, 그런 의미에서 아직 끝나지 않았다. 오히려 거기서부터 무언가가 시작되었고 그것이 지속, 성장하고 있다. 외부에 있는 내가 일본으로부터 나날이 전해오는

소식에서 느끼는 강한 인상은, G8 이후 일본 젊은 세대들의 운동에 대한 동기가 놀랄 만큼 높아졌다는 점이다.

개인적으로는 아직 정확히 뭐라 표현하기 힘들지만 이번의 반G8운동에 대해서 어떻게든 표현한다면, 사실 무언가 달성했다는 만족감보다는 반성이나 후회 쪽이 강하다. 그에 대해서는 언젠가 글을 쓰게 될 것이다. 그러나 이미 말했듯이 중요한 성과가 두 가지 있다. 지금까지는 생각지도 못했던, 동과 서를 잇는 새로운 관계의 씨앗이 뿌려진 것, 그리고 일본에서 젊은 운동의 주체가 새롭게 형성되기 시작했다는 것이다. 구미의 운동에 있어서도 일본은 이제 이국적인 미지의 영역이 아니다. 모자란 부분을 자신의 일로서 비판적으로 고찰하고, 그 성공을 자신의 일로서 기뻐할 수 있는, 보다 일상적인 대상이 되었다. 실제로 이번 여름의 토론회에서도 일본(토야코)은 이에 앞서 독일(하일리겐담)에서 펼쳐진 반G8운동과 이후에 미네아폴리스에서 열릴 공화당 전당대회 반대 운동을 이어주는 것으로서 자리매김하고 있었다. 일본 국내에서도 분명, 해외에 대한 비슷한 관점이 생기고 있을 것이다.

외부에 대한 특이화는 세계 어디에서나 찾아볼 수 있는 현상이다. 하지만 일본에는 예전부터 해외에서 수입한 문물이 자신보다 나은 특권적인 가치를 보유하고 있다고 여기는 경향이 있었다. 특히 학계나 예술업계에서는 지금도 이러한 경향이 심하며, 위대한 선생을 해외에서 **모셔와**, **고견을 경청하고**, 그의 위대한 작품을 **숭배하고** 있다. 이에 대해 적어도 운동의 세계에서는 상황이 바뀌고 있다고 말하고 싶다. 세계 각지의 젊은 세대를 중심으로 수평적인 지적/예술적/전투적 관계성, 요컨대 순수한 차이의 문맥이 구축되고 있다.

지구적인 '하나의 공통적 운동'을 향한 주사위는 던져졌다.

두 개의 국민선거

선거의 계절을 맞이한 아메리카. 11월의 미합중국 대통령선거가 머지않았다. 폭넓은 계층의 사람들이 8년이나 계속된 부시/체니의 공포정치에 대한 궤도수정을 희구하고 있다. 더불어 노예제에 의해 형성되었으며, 지금까지도 인종차별이 남아 있는 나라에서 스스로를 흑인라고 인정하는 버락 오바마가 대통령이 되는 것, 이것은 어떻게 생각해도 역사적인 쾌거이다. 하지만 다양한 계층의 아메리카 민중들은 오바마와 민주당에 대한 많은 요구사항과 함께 깊은 의구심을 가지고 있다. 공화당이 정치적으로 우세한 상황에서 민주당은 타협적인 정책만을 제출해 왔다. 게다가 3일간 민주당 전당대회가 열린 콜로라도 주 덴버에서 벌어진 일은 이미 오바마가 주장하는 '아래로부터 위로의 민주주의'와는 전혀 양립되지 않는 현실을 보여 주었다. 이라크에서의 즉시철군을 요청하는 귀환병 3천여 명을 필두로 급진적인 자본주의자들까지 아우르는 각종 운동체가 벌인 다양한 차원의 항의행동을 향한 최루가스 공격, 수 시간에 걸친 집단구속 등을 포함한 과잉방위가 이루어진 것이다.

미국인과 모든 이민들을 포함한 전 세계 민중들은 아메리카합중국이라고 하는 거대 국가기구 그 자체에 대한 커다란 회의를 가지고 있다. 누가 대통령이 되어도 똑같다는 상투적인 말을 되풀이하고 싶지는 않다. 그러나 이 거대국가의 이익을 위해서라면 대통령이 어떤 행동도 마다하지 않을 것이라는 가능성은 언제나 온당하지 않은 영역으로 남아 있다. 그것은 역사가 증명하고 있다. 오바마가 대통령이 될 경우 생각하지 않을 수 없는 무수히 많은 불안한 지점 중에서도, 개인적으로는 그가 남미 각지의 자율세력에 어떻게 대응할 것인가가 특히 불안하다. 남북아메리카의 민중 간의 교류가 활성화되고 있는 오늘날, 이는 결코 무시할 수 없는 문제이다. 이는 바로 얼마 전인 8월 10일에 벌어진 또 하나의, 어떤 의미에서는 미국 대통령선거보다도 더 중요한 국민선거와 관련이 있다.

그것은 볼리비아 에보 모랄레스 정권의 재신임을 건

선거였다. 남미의 다른 많은 지역과 마찬가지로 이곳에서
도 민중의 사회운동이 획기적으로 일어나고 있었는데, 선
주민 출신으로 코카잎 생산 농민운동의 조직자 중 한 사
람이었던 모랄레스가 2006년 이후 대통령이 되었다. 이는
사회운동과 민중회의가 선거제도에만 의지한 것이 아니
라, 문자 그대로 아래로부터 위로 성장하여, 그 고유한 조
직력에 의거해 국가제도를 다스리는 지점까지 간 획기적
인 사례이다. 그러나 이 지점에서 중대하고도 어려운 문
제가 발생한다. 급진적인 운동이 국가제도를 맡게 될 때,
그것이 사회운동으로서 자신이 품고 있던 자율성을 죽이
지 않고 키워 갈 수 있는가라는 문제이다. 국가는 사회운
동을 통제하고 그들 대신에 모든 문제를 해결해야 할까?
혹은 사회운동들의 자율적인 활동을 중요하게 평가하고,
그를 위한 활동의 장을 계속해서 제공할 수 있을까? 이 물
음에 대해서 많은 비평가들은 처음부터 비관적인 입장을
보였다.

모랄레스의 집무실에는 1967년, 그곳의 정글에서 살
해당한 체 게바라의 사진이 걸려 있다고 한다. 이 정권은
이전, 몇 대에 걸친 미합중국의 괴뢰정권이 구축해 온 빈
부격차를 해소하기 위해 토지개혁은 물론 석유와 천연가
스의 매출로 생긴 이익을 국민 전체에 재분배하는 것을
시도했다. 이러한 정책들은 당연히 부유한 3개의 주와 (미

합중국의 지원을 받은) 대도시 유력자들의 반감을 사서, 그러한 지방 세력들이 분권을 주장하는 결정적인 대립을 낳았다. 몇몇 지역에서는 무장대립까지 일어났다.

모랄레스는 이러한 사태에 맞서 자신의 정권의 사활을 건 국민적 규모의 재신임 선거로 응답했으며, 결과적으로 63퍼센트의 지지를 확보하며 승리했다. 이에 더해 그는, 부의 재분배를 목표로 하는 헌법 개정을 묻기 위한 올해 12월 7일의 국민투표를 호소하고 있다. 하지만 이러한 시도에 대해서는 국내의 대립을 격화시키는 결과를 낳을 것이라는 부정적인 관측이 많다.

우리는 한편에서 모랄레스와 같은 정권의 존재를 크게 환영하며, 그 성장을 간절히 바란다. 하지만 다른 한편에는 본질적인 우려가 있다. 사회운동연구가인 마리나 시트린이 지적하듯, 지나치게 국민선거에 기댐으로써 이 정권은 점점 더 낡은 국가권력(예를 들면 쿠바형 사회주의 국가)과 가까워지고 있는 것이 아닐까? 수평적으로 합의를 형성해 온 운동의 자율적 발전의 과정으로부터 벗어나는 것은 아닐까? 이러한 위기는 국가권력이 되기를 선택한 시점에 이미 원리적으로 내재되어 있던 것이다. 게다가 남아메리카의 문맥에서는, 미합중국의 군사/경제적 위압에 직접적으로 저항하지 않으면 안 된다는 점에서도 이러한 위기는 오고 있다. 국가는 민중 내부의 폭력을 조정하기 위한 기구로서 존재한다기보다 폭력적인 영토화 그리고 다른 국가와의 힘 관계 속에서 존재하기 때문이다.

미국 역사상 최초의 흑인 대통령 오바마. 그가 진정으로 민중적인 통치자이길 목표한다면, 대의제 선거에 기대는 것만이 아니라 '아래로부터 위로의 민주주의'에 대해 다시 한번 생각해 보길 바란다. 그리고 남북아메리카를 포함한 전 세계에 대한 미합중국의 국가적 위압을 장기적인 계획을 세워 해소해 주길 바란다. 그것이 설령 미합중국의 상대적 빈곤화로 귀결될지라도, 민주주의는 본질적으로 부국강병과는 양립할 수 없는 것이므로.

간극에서 보이는 새로운 시대

지금 이 도시의 월스트리트에서 시작된 금융붕괴melt-down로 인해 전 세계가 흔들리고 있다. 아메리카 최대의 투자 은행 다섯 개 중에 세 개가 지난 6개월 사이에 없어졌다. 금융자본과 그것을 조작하는 최고경영자들을 구하기 위해, 부시 정권은 국가의 개입 즉 긴급구제bail-out를 추진했다. 세계의 빈곤을 해결할 수 있을 정도의 금액이라는 그 천문학적인 추정액을 여기에 쓰기에는 너무나 울화가 터진다. 어쨌건, 기가 막혀 벌어진 입이 다물어지지 않을 정도이다.

혁신적인 관점의 비즈니스 분석으로 유명한 〈www.leftbusinessobserver.org〉의 편집자 덕 헨우드에 따르면,

아무리 발버둥쳐도 이 구제책으로 아메리카 경제를 구할 수는 없다. 지난 10년간 아메리카 노동자들의 생활수준은 이미 엄청나게 낮아졌으며 시장은 충분한 일자리를 만들어 내지 못했다. 그럼에도 불구하고 부시의 정책 아래서 최고경영자들의 급여는 비약적으로 상승했으며 그들의 세금은 삭감되었다. 바로 이러한 수입과 부의 양극화야말로 경제파탄meltdown의 원흉이다. 필요한 것은 최고층의 수입을 아래로 분배하는 것을 통해 바닥에서 위로 경제력을 재구축하는 것이다.

단적으로 말해, 부시 정권의 정책은 금융자본의 탐욕을 국민의 세금으로 뒤치다꺼리하는 것이다. 즉 '모든 이윤의 사유화' 끝에 나타나는 '모든 손실의 사회화'이다. 누가 봐도 부시 정권과 금융 엘리트의 입장을 반영할 뿐인 이 고육지책은 미국을 지배하고 세계를 좌지우지해 온 그들이 갖고 있는 세계관의 근본적인 파탄을 알리고 있다. 즉 레이건/대처 시대에 시작된 세계 지배의 주 형태인 신자유주의의 끝을, 그리고 신자유주의를 그 종착지로 하는 자본주의 경제의 근본적인 모순을 보여 주는 것이다.

놀랍게도 미국의 보수정치가 중에는 이 기회에 '사유화'를 더욱 밀어붙이고자 하는 그룹도 있다. 예를 들어 뉴트 깅리치의 '18항의 정책제안'에는 더욱 수준 높은 금융 자유화, 경쟁적 교육의 장려, 사업에 대한 감세, 국경경비의 강화 등이 포함된다. 차기대통령 후보인 존 맥케인은 얼추 이러한 방향을 밀고 나가는 분위기이며, 오바마조차도 이에 따르라는 금융계의 압력을 받고 있다. 그러한 의미에서 이번 대통령 선거에서는 7년간 부시 정권 아래서 충격에 점점 더 둔감해진 미국 국민의 눈에조차 두 후보의 '계급 정치'가 명료하게 노출될 것이다.

다른 한편에서는 미국 민중 스스로가 선거를 기다리지 못 하겠다는 듯이 참을 수 없는 분노를 표현하기 시작했다. 뉴욕에서는 9월25일 월스트리트와 27일 타임즈 스퀘어에서 많은 그룹들이 항의행동을 펼쳤다. 이 반금융자본주의 운동은 지금 미국 전역에서 일어나고 있으며 계속해서 세계와 연결되어 나갈 것이다.

모두가 현재의 경제위기를 걱정한다. 이 위기는 분명 모두의 직장과 생활에 악영향을 끼칠 것이다. 그러나 장기적으로 볼 때 이러한 상황이 만드는 균열에야말로 신자유주의를 넘어 새로운 세계를 구축해 나갈 가능성이 깃들어 있다. 이번의 멜트다운을 만들어 낸 것은 분명 '무책임한 대출과 운용'이지만 그뿐만은 아니다. 투자를 결정하는 두뇌부가 모든 특권을 갖고 자국에 숨은 채, 모든 성가신 것=생산부문을 후진지역에 떠맡기는 지구적인 규모의 오만불손함, 더 나아가서는 자국민의 이익밖에 생각하지 않는 정치/경제 자체의 한계가 이 멜트다운의 원인이다. 이는 바로 금융자본이 주도하는 신자유주의의 문제, 그리고 국민국가+자본주의라는 무적의 커플이 가지고 있는 근본적인 문제의 노출이다.

생각해 보면 뉴욕 같은 대도시에서 생활하는 우리는 오랫동안 과분한 사치를 향유해 왔다. 고급 음식, 전위건축/디자인, 하이패션, 순수예술, 최첨단 기술품의 일상화 등. 이 자체는 행운이었다. 하지만 그와 동시에 갈수록 거리에서는 공공공간/'공통적인 것'의 장이 사라졌으며 얄팍한 엘리트주의가 도시의 지배적 경향이 되어 버렸다. 하지만 그러한 상황도 이제는 끝이다. 첼시 지구의 대화랑가에는 이미 폐업의 소문이 돌고 있다.

맞다! 우리는 분명히 '새로운 시대'의 입구에 서 있다. 이 시대는 만인이 빈곤과 동란動亂을 공유하는 시대가 될 것이다. 공식정치의 영역에서는 경제기반을 축으로 한 글로벌한 계급투쟁이 전 세계에서 점점 더 가시화될 것이다. 현재 볼리비아에서 진행되고 있는 것 같은 격렬한 대립이 정치 무대의 중심에 등장할 것이다. 더욱 중요한 것은 정치에 대한 불신으로 인해 비공식적 정치의 영역, 민중의 자율적 운동이 점점 강화되고 폭넓게 조직화될 것이라는 점이다. 종종 위태로운 그 두 영역의 관계 속에서, 국가통제도 신자유주의도 아닌 새로운 정치/경제기구가 형성되기 시작할지도 모른다. 이러한 상황에서 무엇보다도 중요한 것은 우리가 지구적 위기감을 공유하는 것, 그리고 돈과 무력이 아닌 원리로 새로운 사회관계를 구축해 나갈 수 있을 것인가의 문제이다.

아메리카 교외의 슬픔

버락 오바마가 이겼다. 역사상 최초의 아프리카계 미합중국 대통령이 탄생한 것이다. 뉴욕에서는 자유주의자나 급진주의자나 일단은 모두들 기뻐하고 있다. 할렘에서의 열광은 대단하다. 하지만 이 글의 주제는 이번 선거에 관한 것이 아니다. 이전 선거로 거슬러 올라가, 왜 조지 부시가 두 번이나 당선되었을까? 대체 누가 그를 뽑은 것인가? 그 수수께끼에 대해 생각해 보고 싶다. 그에 대한 대답의 하나는 '교외생활'과 관계가 있다고 생각한다.

교외suburb는 대도시 근교에 위치한, 녹음으로 둘러싸인, 가장 미국적인 거주환경이다. 사실 교외라고 뭉뚱그려 말하기엔 환경, 교통편의, 주택서비스 등등에서 다양한 등

급이 있어 한결같은 모습은 아니다. 그러나 '교외'는 그러한 편차들을 넘어서는 하나의 '이상형'으로 그려진다. 단독 주택을 소유하는 것, 통근하기에 편리하면서, 아름답고, 기분 좋고, 안전하고, 즐거운 장소에 사는 것 — 이러한 거주조건은 역사적 시간이 멈추고 사회적인 사건으로부터 자유로운 '유토피아=어디에도 없는 장소', 혹은 오직 그것의 짝퉁으로만 나타날 수 있다.

20세기 아메리카에서는 산업화와 함께 도시의 다운타운에 사는 인구를 계급/인종에 따라 구분하여 이동시키기 위한 계획이 마련되었다. 그것을 위한 이상적인 생활환경이 고안되었고 최초의 수혜자는 물론 백인 부유계급이었다. 각종 계급/이민 그룹이 그 뒤를 이었다. 이 때문에 〈조닝법〉[1]이 개정되고 연방주택융자은행제도[2]가 설립되었지만, 미국의 교외 생활이 단번에 실현된 것은 2차 세계대전 후 자동차교통의 보급 덕분이었다. 그 이후 등장한 도시 슬럼이란 교외화로부터 누락된 그룹의 거주구와 동의어이다.

아메리카는 이민사회이며, 계급사회이다. 이 이민/계급 사회 속에는 식민/건국 이래 계승되어 온 계층 서열화가 자리 잡고 있다. 네덜란드/영국계를 시작으로 백인 식민주의자들이 통치제도를 확립했고, 그 과정에서 선주민, 노예, 백인 빈농, 백인 하층노동자의 이권은 제외되었다.

이 제도 내외에서 문턱 혹은 완충장치로 기능한 것은 소규모의 재산을 가진 백인이었다. 이 그룹은 위에서 말한 지배체제가 부드럽게 진행되도록, 지배체제의 이해를 온몸으로 떠맡게 되었다. 특히 지배형태와 한 쌍을 이루는 애국주의와 인종차별이 탄생하였다.

그 후로도 미국은 새로운 이민그룹을 계속해서 받아들였지만, 이 통치의 기본 형태는 전혀 바뀌지 않았다. 냉전체제 이후에는 교외생활의 획득이야말로 애국자에게 주어지는 물질적 보답이었다. 따라서 실제로는 다양할 수밖에 없는 교외생활의 전형은 소규모의 재산을 가진 백인의 생활양식과 겹쳐져 나타났으며, 이러한 거주스타일은 해외로도 수출되기 시작했다.

학교를 졸업한 후, 지방도시에 일자리를 얻어, 교외에 집을 사고, 결혼하고 아이를 얻는 것 ― 이것은 부모님 세대에 확립된 이상을 계승하는 것이다. 사무직이건 육체노동이건, 대도시와 비교해볼 때 하루 노동시간은 짧다. 대기업계열에서 근무한다면 퇴직 시 특전도 크다. 일이 끝나면 SUV를 타고 집으로 돌아온다. 푸른 잔디와 스포츠를 즐길 수 있는 환경, 거대한 스크린을 장착한 미디어 룸. 이따금 친구들과 모여 바비큐파티를 하고, 플레이오프 경기를 관전한다. 그곳에서는 타자, 특히 인종적인 타자와 만날 필요가 없다. 해외의 동란에 대해 알 필요도 없다. 그러한 것들은 텔레비전 스크린 상의 스펙터클일 뿐 그 이상도 그 이하도 아니다. 이런 삶이 가능한 조건으로 취업하고, 석유가 싼값에 계속해서 공급되는 한 ……. 요컨대 경제적으로도 환경적으로도 가장 낭비가 심한 이 생활 형태를 계속해서 유지할 수 있는가. 이것은 아메리카가 글로벌한 군사/경제적 패권을 계속해서 유지할 수 있느냐라는 문제와 직접적으로 연결되어 있다.

뉴욕의 많은 젊은이들은 이러한 환경에서 태어나 자랐지만, 그것을 버린 자들이다. 그들은 뉴욕에서 세계와 만나는 것을 택했다. 그중에는 오로지 부유해지기만을 추구하는 사람들이 있다. 다른 한편에는 교외적 생활 형태에 반기를 들고 다른 가치를 구하는 자가 있다. 다른 문화에 대한 관심, 채식주의, 정치적 정의, 전위예술 — 그들에게 있어 이러한 것들은 미국 교외생활이 상징하는 것과는 다른 가치를 대변하고 있다. 많은 경우, 고등학교에서 의욕이 왕성하고, 우수한 학생들이었다. 그들 중 일부는 투자은행가나 변호사가 되고, 또 다른 일부는 지식인이나 예술가의 길을 간다. 반면 교외에 남는 자들은 대부분, 오로지 교외 생활양식을 유지하며 살아간다. 이미 부모님 시대에 이미 일종의 '이상'을 획득해 버린 탓에 그 다음이 없어진 이 그룹은 그 삶을 유지하는 것 이외의 모든 희망과 의욕을 던져 버린 자들이다. 당연히 학업에서건 직장에서건 이민의 자식들에게 뒤지게 된다. 인종차별은 없어지지 않는다. 여기에 교외의 슬픔이 있다.

아메리카의 보수정치 일반과 부시 정권은 한편으로는 거대자본과 부유계급의 이해를 지켰고, 다른 한편으로는 교외생활(=미국적 이상)을 지상의 가치로 여기는 이러한 그룹의 이해를 대변해 왔다. 신자유주의의 공세 속에서는 인종적/계급적 분리를 중심으로 하는 교외생활 이데올로기를 도시에 재도입하려는 시도까지 했다. 도시의 젠트리피케이션은 바로 이를 위한 땅고르기 작업이었다.

하지만 금융붕괴와 함께, 이 기획은 끝을 향하고 있다. 교외생활에도 다양한 의미에서 위기가 찾아올 것이다. 그때 아메리카는 새로운 유형의 비도시적인 생활 형태와 가치를 발견할 수 있을까?

불의 강을 건너라!

2008년이 저물어 간다. 뉴욕의 거리에는 '금융붕괴'의 영향이 점점 더 깊게 드리워지고 있다. 사람들은 다 어디로 가 버린 건가라는 생각이 들 정도로 한산하다. 금융붕괴의 영향이란 이렇게도 빨리 나타나는 건가 놀라울 정도로, 텅 빈 점포와 건설이 중지된 공사현장이 늘고 있다. 우리 가정의 가업인 디자인계 사업의 판매량도 줄어들고 있다. 남녀노소, 부자와 빈자를 포함해 이 상황으로부터 자유로운 사람은 한 명도 없다.

이런 암울한 시국 속에서도 마음에 떠올리면 힘이 나는 몇 명의 인물이 있다. 그 한 사람은 다름 아닌 윌리엄 모리스(1834~1896)이다. 빅토리아 시대의 영국에서 태어나, 낭만주의적인 미의 전통과 사회주의운동의 흐름을 이었던 디자이너, 건축가, 시인, 소설가, 혁명운동가이다.

위기의 시대에, 우리는 경제 분석의 중요성을 다시 생각하게 된다. 그러나 '하부구조'에만 관심을 집중한다고 해서, 일상이 충실해질 리가 없다. 분석에 이어진 행동으로 희망을 안겨주는 에토스가 필요하다. 그리고 이런 시대이기 때문에 오히려 다시 한번 감각의 기쁨을 갖고 싶다. 시각적인 관능에도 빠지고 싶다. 무언가 소소하면서도 동시에 삶을 긍정하는, 강렬하게 에로틱한 것을 원한다. 그런 의미에서 나는 모리스가 '벽지', '직물', '태피스트리', '장식 문자' 등에 사용한 장식을 좋아한다. 그것들의 어쩐지 몰개성적이기까지 한, 끝없이 이어지는 오버롤 패턴의 반복, 그 색채와 형체 속에 복수複數의 전통과 민중의 정동이 시공간을 넘어 흐르고 있는 것 같다. 그것은 한결같이 세계를 향한 사랑을 이야기하고 있다. 그러한 의미에서 그의 디자인은 타자와 '함께 살기'위한 기계인 것이다. 시각적인 의미에서 그의 작품은, 신자유주의적인 경제의 문맥에서 우리의 문화생산을 주도해 온 '비대한 자아'의 '오만한 제스처'의 대극에 있다.

'전제적 작가'를 상대화하는 문맥을 형성하는 것은 그에게 있어 건축이나 각종 그라피티 디자인을 가로지르는 창조행위의 토대였다. 그것은 어떤 것인가? '협업체제'의 실험을 넘어, '이상적인 형식미'와 '이상적인 노동형태'를 추구하는 지향성이 그의 작업 속에서 점차 강화되었다. 오노 지로小野二郞가 『윌리엄 모리스 — 급진적 디자인의 사상』(1992년)[1]에서 지적하고 있듯이, 모리스는 일반적으로 오해받는 것처럼 산업자본주의의 발흥과 더불어 지배적으로 나타난 '소외된 노동'과 대비하여, 중세의 직인노동 일반을 순진하게 이상화한 것이 아니다. 예를 들면 그가 높이 평가한 '고딕건축'은, 12세기에 자율을 목표로 한 사회적 투쟁의 정점에 있던 장인handy craftman의 공헌을 주시하고 있었다.

영국의 역사가 E. P. 톰슨의 『윌리엄 모리스 — 낭만주의자에서 혁명가로』[2]는 그 부제가 이야기하듯이 모리스가 '미의 사도'로부터 '사회혁명의 투사'로 변화하는 과정을, 모리스 자신의 문장을 인용하면서 극명히 뒤쫓아 그리고 있다. 이러한 변신 속에서 그의 '형체미와 이상적 노동형태의 합일'이 완성되었다. 초기 사회주의로부터 공산주의 운동이 형성되어 가는 과정 속에서, 활동가 모리스는 다양한 주장들과 미묘하게 관계를 맺고, 어떤 하나의 이념으로 투쟁현장을 통제하려는 자세를 아슬아슬하게 회피하며, 노동자 민중 본의의 운동체 형성에 매진한다. '모리스는 경제이론에 있어서 스스로가 아마추어임을 인식하고 있었지만 그의 역사적, 유토피아적인 사고에는 맑스의 침묵을 채우는 것이 있었다.' 톰슨은 이러한 모리스의 혁명가로서의 자기형성을 그 자신의 시를 들어 '불의 강을 건너다'라고 비유했다.

현재는 물론 모리스의 시대와 다르다. 우리들의 가장 큰 문제는 '산업자본'이 아닌 '금융자본의 전제'이다. 여기서는 예술을 포함하는 시각적인 생산의 총체가 신자유주의의 프로파간다로 변한 '스펙터클'(기 드보르3)에 포섭되어 있다. 여기서 시각적 표현은 그것이 아름다우면 아름다울수록 직접적으로는 보이지 않는 '사회적 과정'을 억누르는 경향이 있다. 그러나 '사회적 과정' 속에서가 아니면 '이상적 노동형태'는 존재할 수 없다. 따라서 우리는 우리 자신의 문맥에서 '공간적 이상utopia'과 '사회적 과정의 이상utopia'을 합일시키는 것이 필요하다.

뉴욕에서는 1990년대 이후 첼시지구에 등장한 몇 개의 거대 화랑들이 폐업할 수밖에 없는 상황이 예상되고 있다. 이로 인해 일대를 풍미해 온 예술업계나 유명 예술가들이 어려움을 겪을 것임에 틀림없다. 그뿐만이 아니다. 많은 경우, 비정규 채용의 상태에 있는 어시스턴트들이 가장 먼저 일자리를 잃을 것이다. 이것이야말로 곤혹스러운 일이다. 모리스적인 관점에서 보면 이들이야말로 예술을 지탱해 온 사람들이기 때문이다. 게다가 비영리조직으로서 운영되어 온 공간들 또한 자금마련에 어려움을 겪을 것이다. 아마 예술이라고 하는 생산행위 전체에 결정적인 사상적/제도적 혁명이 몰려올 것이다. 이제 뉴욕의 예술 또한 '불의 강을 건널' 시기에 와 있다.

2009

37

뉴스쿨 조반유리 ^{造反有理}

뉴스쿨 대학은 원래 '사회연구를 위한 뉴스쿨'[1]이라고
불리웠다. 1919년 설립되어, 1930년대에는 '망명자의 대
학'이라고 불리기도 했다. 나치가 맹위를 펼치던 유럽에서
도망쳐 온 유대계 진보적 지식인들을 대거 교수진에 배치
했던 탓이다. 에리히 프롬, 한나 아렌트, 레비-스트로스,
로만 야콥슨 등 쟁쟁한 이름들을 떠올릴 수 있다. 이후로
도 이를테면, 철학/사회과학의 영역에서는 프랑크푸르트
학파의 비판이론 전통을 계승하고, 음악에서는 존 케이지
가 작곡을 가르치는 등, 뉴욕에서 가장 선진적인 교육기
관으로서 명성을 떨쳐 왔다. 그러나 오늘날, 경제적인 번
영과 보안문화를 최우선으로 삼는 신자유주의적인 학교

행정 아래에서 이러한 전통이 크게 약해졌다는 말을 들어 왔다.

그러나 얼마 전 그 대학의 학생조합인 〈급진적 학생조합〉이 학내 민주화를 위한 요구사항들을 내걸고 교섭, 연좌시위, 학교 건물 점거 등, 몇 단계의 직접행동 끝에 승리를 거둠으로써 새로운 시대의 가능성을 보여 주었다. 금융붕괴, 수렁에 빠진 이라크전쟁 등 오늘날의 위기적 상황을 조장하고 생산해 온 부시 정권이 이제는 그만 퇴각하길 절실히 바라는 폭넓은 계층의 주민들은 뉴스쿨 대학 학생조합의 승리에 열렬한 갈채를 보냈다.

2001년 이래로 총장인 밥 케리와 부총장 제임스 마사가 주도해 온 정책들은 이미 각계각층으로부터 비판을 받고 있었다. 재무 강화를 가장 우선시하여, 학생 수를 증가시켰지만 비민주적인 학내행정, 불투명한 회계 등으로 불만이 쌓여 교수회의에서 (269대 18로) 총장의 불신임안이 결의되었을 정도다. 그러한 상황에서 실제적인 문제해결의 가능성을 연 것은 바로 학생들의 자율적인 행동이었다. 학부생과 대학원생이 참가하는 이 학생조직은 반전그룹(〈UFPJ〉=〈평화와 정의 연합〉)[2], 환경그룹(〈SEAC〉=〈학생환경운동연대〉)[3], 폭넓은 세계변혁을 생각하는 그룹(〈SDS〉) 등 세 운동의 단체로 형성되었다. 그들은 학교의 전통에 착안해 이번 캠페인에 '망명 뉴스쿨'

이라는 이름을 붙였다. 그들의 문제제기와 성명은 학내문제는 물론 오늘 우리들 모두가 직면하고 있는 문제들의 배치를 폭넓게 짚어 내고 있다. 베트남전쟁에 참전해 양민학살을 자행한 총장의 책임을 지적하고, 금융계의 폭주를 야기하거나 환경을 파괴한 기업과의 유착을 끊을 것을 요구하였으며, 학생이 학내 정치에 참여할 권리 인정 및 행정·교수·학생 삼자간 수평적 합의 체제를 세울 것, 또 학내 공간을 공공에 개방할 것 등을 주장하고 있다. 이들이야말로 누구보다 진지하게, 선진적인 대학으로서 뉴스쿨이 갖는 전통을 사랑하고 그 자리를 명실상부하게 되돌리고자 하고 있음에 틀림없다.

1백 명 이상의 학생들이 12월 17일부터 19일까지 카페테리아를 중심으로 학교 건물 일부를 점거하여 끝내는 케리 총장으로부터 기본적인 몇 가지 요구사항의 이행을 약속 받았다. 학교측은 경비원은 물론 뉴욕시경까지 끌어들여, 몇 차례나 학생들을 위협했지만 학생들은 비폭력이라는 대원칙 아래에서 힘든 국면을 몇 번이나 견뎌 내며 어떻게든 자신들의 영역과 통로를 확보했다. 체포된 학생들도 있었다. 외부와의 출입은 차단되었다. 아무도 화장실조차 가지 못한 시간들도 있었다. 그러나 바로 그 시간 학교 앞에서는 내부의 학생들을 응원하고 시경의 폭주를 막기 위해 모인 다른 대학의 학생조직그룹, 노동조합원, 활동가그룹, 일반시민들이 혹한의 밤거리에 새벽 3시가 넘어가는 시간까지 피켓을 들고 있었다(사건의 세부적인 내용에 대해서는 다음을 참조하길 바란다 http://www.new schoolinexile.com/).

얼마나 훌륭한 청년들인가. 얼마나 훌륭한 연대인가. 이 사건의 의의는 참으로 크다. 그 의미는 앞으로 점점 더 분명하게 드러날 것이다. 이 투쟁에는 지구의 반대쪽에서 싸우고 있는 아테네의 학생/청년들로부터 흘러온 숨결도 함께하고 있었다. 공간을 뛰어넘어 연대하고자 하는 학생들의 의지가 표명되고 있었다. 이들, 세계의 청년들이 시국의 흐름을 바꾸고 있다. 1968년 이후 오랫동안 사라져 있던 '학생', 그리고 '청년'이라는 정치적 주체를 재구축하고 있다. 번영과 보안이라는 명목 하에 지금껏 아무것도 하지 못한, 아무것도 하지 않는 무능한 무리로 있었던 일반 시민이라는 존재에 '주체화의 계기'를 불어넣었다.

오늘날 세계는 불길할 정도의 참상을 드러내고 있다. 이제 전 세계가 구세대가 해 온 일에 대한 시비를 묻고 있다. 선진국, 특히 미합중국의 정치가나 투자은행가, 군사 지도자들의 책임은 어떤 말이나 글로도 표현할 수 없을 만큼 크다. 그 외 전 세계 각계의 '지도자'들은 슬슬 자신들이 해 온 일에 큰 의미가 없었다는 것을 인정해야 하지 않을까? 그 옛날, 어느 위대한 지도자는 '젊은이여, 세계는 너희들의 것이다'라고 말했다. 하지만 오늘날 굳이 그런 말을 하지 않더라도 그들은 행동한다. 그리고 우리 중년은 약간 떨어진 장소에서라도 기뻐하며 그들을 따를 것이다.

가치들의 가치전환

　나이를 먹을수록 자신보다 젊은 세대의 층이 점점 더 두꺼워진다. 그것은 자신과 관계없는 스타일들이 계속해서 증식해간다는 것을 의미한다. 틀림없이 나의 모습은 점점 더 오래되고 촌스러운 것으로 보이고 있을 것이다. 게다가 엄밀히 말해 스타일이란 단지 패션에 관한 것만은 아니다. 생활태도라든지, 몸짓, 기호, 그리고 경우에 따라서는 신념까지 포함하는 － 요컨대 많든 적든 스타일은 '가치'와 관련이 있다.

　내가 뉴욕으로 건너온 후 첫 10년 동안 (즉 1980년대에) 가끔 일본을 방문할 때마다 젊은이들의 니트neat(단정한) 패션에 놀라곤 했다. 단발머리에 검은 옷이 눈에 띄었다. 젊은 남녀들은 오로지 쇼핑에 힘쓰고, 세련된 카페에 드나들고 있는 것 같았다. 그러던 것이 1990년대에 들어, 특히 중반 이후부터 크게 방향을 전환한다. 힙합계의 헐렁한 옷이 유행하고 길 위에 떼 지어 모이는 그룹들이 눈에 띄었다. 니트에서 와일드로, 소비문화로부터 거리문화로, 개인주의로부터 공생주의로의 이행이다. 이러한 변화는 경제적인 상황과 관련되어 있으며, 그 이후에도 일본은 기본적으로 이러한 변화의 연장선상에 있다. 혹은 이러한 경향이 점점 더 강화되고 있다.

미국은 그보다 조금 늦게 일본의 움직임을 뒤쫓은 듯하다. 1990년대 초반에 경기가 후퇴하더니 중반부터 후반에 이르는 기간에 개발붐이 시작되었다. 이러한 개발붐의 당시에 무원칙적으로 행해진 부동산 대출은 현재 벌어진 금융붕괴의 첫 번째 원인이 되었다. 부시 정권 아래에서의 기나긴 8년은 강요된 군사적 위기감과 한껏 부추겨진 소비문화라는 기괴한 한 쌍의 가치관이 미디어의 조작에 힘입어 훌륭하게 달성된 무시무시한 시대였다. 이 시기에 만들어진 사치스런 스타일들이 여전히 도시의 외관을 장식하고 있지만, 동시에 그것들은 현재 일어나고 있는 대변동과 거대한 어긋남의 원인이기도 하다. 한때 잘 나가던 투자 은행가들은 이제 데이트 상대조차 변변히 찾을 수 없는 지경이라 한다. 어쨌든 미국은 이러한 상태에 전

혀 대처하지 못한 채, 이미 버블 붕괴를 한 번 경험한 일본보다 훨씬 우왕좌왕 하고 있다.

이러한 상황 속에서 관심이 가는 것은 위에서 말한 것들과는 전혀 '다른 가치'에 기반한 사회/문화적 실천이다. 예를 들면 젊은 아나키스트 활동가들이 전 세계에서 과거 수년간 해 온 '진짜진짜 자유시장'Really Really Free Market도 그런 실천 중 하나이다. 사람들이 제각기 필요 없는 물건을 들고 와서 맡기고, 갖고 싶은 것을 가져간다. 이것은 물물교환과도 달라서, 어디까지나 '공통적인 것의 장' 요컨대 '장터'의 겉모습을 취하고 있다. 또 물건을 나누는 것뿐 아니라 이발, 요가 레슨, 자전거 수리 등 기술 공유skill sharing도 이루어진다. 음악콘서트를 즐기거나 간단한 식사를 대접받을 때도 있다.

이는 본래 17세기 영국에서 경제적 평등의 실현을 목표로 진행된 농민공동체 운동 더 디거즈¹의 실천 중 하나를 모델로 삼았다고 한다. 북미에서는 대항지구화 운동 속에서 뻗어 나온 여러 개인과 그룹들의 기획으로 샌프란시스코, 미네아폴리스, 신시내티, 뉴욕 등에서 실시되고 있다. 뉴욕의 경우 역사적으로 대안문화와 깊은 관계를 가져 온 이스트빌리지 세인트 마크스 교회가 2004년 이후로 매월 장소를 제공하고 있다. 젊은이들의 이러한 시도는 부시 정권 아래에서 지배적이었던 — 자국민 중심주의,

일방적인 선전포고, 돈벌이, 고급문화, 이기주의, 냉소주의 등의
— '가치들'에 대항해 그 정반대의 가치, 요컨대 '공통적인
것'을 토대로 한 새로운 가치를 창조하는 것을 목표로 하
고 있다. 이러한 커머니즘(=공통주의)의 공간이야말로 미
래를 선취하는 장소라고 말할 수 있다.

　현재 세계는 대격변의 시기에 있다. 이는 누구도 부정
할 수 없는 사실이다. 지금까지 신자유주의가 형성해 온
질서는 그 근본에서부터 와해되기 시작했다. 궁핍은 세계
곳곳에서 점점 더 심해지고 있다. 보수적인 지도자들은
폭동/반란의 가능성을 우려하며 계엄령의 가능성을 검토
하고 있다고 한다. 여러 나라 국민들의 세금을 빼돌려 금
융기관 엉덩이를 닦아주는 식의 뒤치다꺼리 정책이 계속
되고 있다. 이미 그따위 정책으로 수습할 수 있는 문제들
이 아님에도 불구하고 계속해서 상황판단을 하지 못한 채
가장 기본적인 도리조차 잃은 것이다. 사회주의권의 붕괴
이후 지금까지, 신자유주의적인 자본주의가 이끌어 온 지
배적인 가치와 스타일, 그것들이 구성해 온 가치체계가
와해하기 시작했다는 것은 분명하다. 이상적인 대안이 무
엇인지 뚜렷이 보인다고 말할 수는 없지만 어떤 식으로
든 근본적인 변환이 필요한 것만은 확실하다. 지금까지
의 정치/경제를 대체하는 새로운 원리가 필요하게 된 것
이다. 그러나 그러한 원리가 제도로서 설립되기 전에 그

토대로서 필요한 것은 사람들 마음속의 '가치들의 가치변환'transvaluation of values이다. 그것은 이미 시작되었다. 일부 '영웅적인' 젊은이들이, 니체가 철학적으로 해낸 일들을 거리에서 실천하고 있다.

우리는 보통의 삶을
긍정할 수 있는가?

경제/정치/환경을 둘러싼 문제들이 전 세계에서 분출하고 있다. 현재진행형의 이 위기들 — 혹은 이 '대위기' — 가 과거의 위기들과 다른 점은 무엇보다 시공간적인 연관성의 치밀함일 것이다. 어떤 사건이건 그것이 순식간에 폭넓게 다른 사건들을 야기하는 양태는 우리로 하여금 '이 세계'에 대한 인식을 전환할 것을 촉구한다.

지금까지 우리는 인식론적으로 '세계'와 '지구'를 분리해서 생각해 왔다. 전자가 정치/사회/경제적인 의미에서의 전체성을 나타냈다면, 후자는 주로 환경적인 조건을 지시했다. 그러나 문제들의 규모와 연관성이 분명해지면서 우리들 만인이 동시에 하나의 '세계=지구'에 직면해 있다는 감각이 공유되기 시작했다. 바꿔 말하면 우리가 같은 하나의 '공생체'로서 존재한다는 것이 **위기적으로** 드러나기 시작했다는 것이다. 자본주의의 한계치를 넘어선 자본주의적 개발은 역설적으로 '공통적인 것'의 궁극적 형태인 '세계=지구적 부'와 그것의 공유 이외에는 어떠한 지상 가치도 존재할 수 없음을 자명하게 드러내고 있다.

그 '부'란 한마디로 '사회적 다양성'과 '생체적 다양성'이다. 이 한정된 부를 일부 국가와 기업이 계속 통제하고 충당할 수는 없다. 우리 또한 그들이 만들고 전파시켜 온 '가치'에 종속된 채 살아갈 수는 없다. 좋든 싫든, 늦든 빠르든, 우리 모두에게는 삶의 방법을 전환하는 것이 필수적일 것이다. 지금까지 선진국적인 번영을 충분히 즐겨온 우리도 그것과는 다른 새로운 가치를 발견해 나가야 할 것이다. 문제는 아직 보이지 않는 가치의 전환점에서 '불운' 혹은 '불가항력' 을 넘어서는 '긍정적인 계기'를 찾아낼 수 있느냐는 것이다.

아마도 그것은 '삶'의 문제와 관련되어 있을 것이다. 그것은 또한 '사회적 다양성'과 '생체적 다양성'에 기반을 둔 민주주의 혹은 '모든 삶의 민주주의'라는 가능성과도 연결된다.

크로포트킨을 비롯한 19세기 아나키스트들은 사회진화론이 발전원리로 삼은 '경쟁'에 반하는 원리로서의 '상호부조'를 제기했다. 넓은 의미에서의 진화론이 '생존의 단위'로 '종 혹은 아종'을 강조한 것과는 달리 20세기의 인류학자 그레고리 베이트슨은 '생존의 단위'로서 '환경 및 생체조직과 환경의 관계'를 말했다. 이러한 원리들은 이제 '몽상적 이상론Utopism'이기는커녕 '불가피한 인식'으로 변하고 있다. 이것은 '인류적 위기'인 동시에 '인류적 각성'이기도 하다.

이러한 '각성'이 촉구하고 있는 것은 우리가 '이윤'을 바탕으로 하는 '삶'에서 어디까지 벗어날 수 있느냐라는 것이다. 이를테면 오로지 '이윤'을 추구하는 삶은, 필연적으로 죽음을 향하는 일과성의 삶으로서의 자기존재를 긍정할 수 없다. 그것은 자본의 자기증식운동과 자신을 끝없이 일체화하며 '종'이나 '국민국가', 혹은 '가계'家系라는 형태로 '자기'를 영속시키려 한다. 왜 일부 권력자들이나 자본가들이 세계=지구를 이토록 유린하면서까지 자기보존/자기증식에 집착하는가라는 의문에 대한 대답은 여기에 있다. 원숭이/사자에 비유해서 말하면 그들은 대부분의 경우 자기의 가족과 종의 번영에 지나친 책임을 짊어지고 그것을 위해서라면 타자의 파괴를 주저하지 않는 '무리의 우두머리' 혹은 '초-남성'alpha male이상도 이하도 아니다. 우리는 이러한 지도자에 의한 통솔에서 한없이 먼, 보다 평등한 삶을 조직하는 모델을 발견해야만 한다.

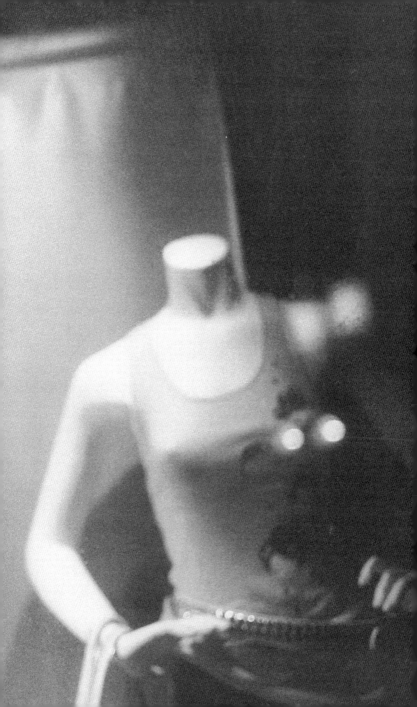

철학자 질 들뢰즈는 죽음 직전에 쓴 소논문 「내재성 : 하나의 삶」(1995)[1]에서 '삶 자체' 혹은 '보통의 삶'을 이 '지상의 것' 즉 '내재'immanence로서 긍정했다. 그러한 삶으로서 죽음에 임박한 이가 보여 주는 생명의 징표나 전인격적인 유아의 삶을 예시하면서 '특이성으로 가득 찬 비인격적 삶'을 예찬한다. 우리는 삶의 이러한 차원, 즉 '비인격적 개체화'impersonal individuation로 돌아가 거기서부터 다시 인간적 삶의 모델을 재구축해 나가야 한다.

'비인격적 개체화'는 분명 어떤 차원에서 '욕망을 매개로' '이윤'에 포섭된다. 하지만 동시에 그와 다른 차원에서 그로부터 벗어나는 힘을 품고 있다. 이는 환경을 형성하는 생체 다양성과 사회적 다양성에 가장 기저基底적인 차원에서부터 관여하는 운동이다. 그것은 덧없음 그 자체를 힘으로 삼는 삶이며, 지금까지 절대화되어 온 '자기만의 삶'을 넘어 폭넓은 '삶의 현상', 심지어 비생명까지 포함하는 지구적 생성의 총체와 연관되는 속성이다. '상호부조' 그리고 인간중심주의에서 벗어나는 지구적 주체화는 궁극적으로는 어디에나 있는 이러한 '보통의 삶'에서가 아니면 결코 형성할 수 없다. 우리는 바로 거기서부터 정치와 경제를 재구축해나가야 한다. 그것만이 생체다양성과 사회적 다양성을 토대로 한 지구적 민주주의로의 길을 열어 줄 것이다.

멜빌의 회귀

1980년대 초, 내가 뉴욕으로 이주한 지 얼마 안 됐을 때의 일이다. 브롱크스의 우드론 묘지를 산책하다가 허먼 멜빌(1819~1891)의 무덤을 맞닥뜨렸다. 그날은 우연히도 바로 그의 기일이었다. 멜빌은 이곳 뉴욕에서 태어났으며 죽은 후에도 여기 매장된 소설가이다. 나와 이 작가의 첫 만남은 간접적이었다고 말할 수 있다. 어렸을 때 오카야마현 쿠라시키시岡山県倉敷市에 있는 오하라미술관大原美術館에서 마찬가지로 뉴욕의 화가인 잭슨 폴록이 그린 〈모비 딕〉이라는 제목의 반추상화를 봤던 것이다. 그 후 나는 폴록의 회화를 통해 현대미술의 세례를 받았으며, 다른 한편으로는 나의 성장과정 속에서 이 글의 주제인 멜빌의 소설을 여러 버전으로 향유했다. 어쨌거나 『모비 딕』은 한번 손에 들면 끝까지 눈을 떼지 못할 만큼 재밌는 책이다. 폴록도 애독했던 것으로 알려져 있는데, 폴록과 멜빌 사이의 연관은 무엇보다도 원근법적인 초점이 없는 넓은 바다와 같은 폴록의 거대회화가 획득하고자 했던 '숭고'에서 찾을 수 있다.

이십여 년이 지난 지금 나는 소설을 천천히 읽는 것 같은 사치스러운 시간은 꿈꾸기도 어려운 바쁜 나날을 보내고 있다. 그러나 멜빌이 쓴 두 작품은 자꾸 떠오른다. 방금 말한 『모비 딕』(1851년)과 『필경사 바틀비』(1853년)가 그것이다.

불과 2년이라는 짧은 시간을 사이에 두고 출판된 이 작품들은 여러 가지 의미에서 대극적이다. 전자가 초대작이라면 후자는 소품이다. 전자의 설화체계가 '숭고'를 둘러싸고 배치되어 있는 반면 후자의 밑바닥을 관통하여 흐르는 것은 '부조리'이다.

전자의 주인공인 에이합 선장은 거대한 흰 향고래 모비 딕에 의해 한 쪽 다리를 잘린 후, 복수심에 불타 모비 딕을 좇아다닌다. 그 설화의 공간은 뉴욕 북동쪽에 위치하는 매사추세츠 주의 항구 뉴베드포드와 난터켓섬에서 출발하여 일곱 개의 바다, 지구상의 대해양들로 확장해나간다. 선장의 비정상적인 집착은 결국 그로 하여금 항구로 돌아가기 위해 필요한 상한의象限儀조차 내던져 버리고 무한한 바다를 극복하겠노라는 결단을 하게 만든다. 백경白鯨과의 마지막 투쟁은 끝내 에이합 선장을 포함한 선원 거의 모두의 생명을 빼앗아 버리지만, 그때 유일하게 살아남은 선원이자 이 설화의 주체인 이스마엘의 관점, 즉 우리 독자의 관점에서, 에이합은 백경+대해양이라는 숭고함과 합체된다.

한편 후자의 무대는 사방이 벽으로 둘러싸인 월스트리트의 사무실이다. 어떤 확장도 불가능한 그 폐쇄된 공간에서 바틀비는 상사의 명령에 '마음이 내키지 않습니다'라는 대답을 반복함으로써 계속해서 일을 거절한다. 더 나아가 (사무실에서 이동하는 것이나 먹는 것조차 포함한) 모든 행위를 거부하고 최종적으로는 특수 시설에서 부조리한 죽음을 맞이한다. 이는 아마도 직장에서 상상할 수 있는 가장 궁극적인 형태의 노동쟁의일 것이다. 그러나 바틀비의 직장에서는 스스로를 존재하는 것뿐인 존재로 환원시키는 이런 극한의 저항조차 일상화된다. 그리고 스스로를 단지 살아 있는 신체에 불과한 존재로 만들어 버림으로써 노동을 극복하려는 그의 시도를 기다리고 있는 것은 다름 아닌 죽음이다.

호르헤 루이스 보르헤스는 이 대조적인 두 작품을 두고 '두 주인공들의 미친 짓과 광기가 두 사람을 둘러싼 모든 사람을 감염시켜 가는 믿을 수 없는 상황에 공통점이 있다'고 지적했다. 맞는 말일 것이다. 그리고 지금 나에게 이 작품들이 자꾸 떠오르는 것은 멜빌의 이 두 작품이 하나가 되어, 월스트리트부터 시작된 금융위기가 '그것을 둘러싼 모든 것을 감염시켜' 자본주의의 자멸로 귀결해 가는 모습을 예시하는 것 같다는 생각을 떨칠 수가 없기 때문이다.

어떤 측면에서 이 작품들은 오늘날 일어나고 있는 사태의 알레고리로 읽힐 수 있다. 말하자면 이 소설들은 자본주의가 그 지구적 상품화의 극한에서 자연과 노동력을 파괴한 끝에 자멸로 향해 나가는 양상에 대응한다. 자본주의는 마치 에이합 선장처럼 자연의 숭고(=통제 불가능성)를 살해하면서 자기 자신이 숭고(=통제 불가능)로 변해 가고 있다. 그리고 그 과정에서 모든 노동자로부터 자율의 영역을 빼앗아 버림으로써 '단지 살아 있을 뿐인 사태' 이외에는 아무것도 아닌 무수한 바틀비를 생산해 내고 있다. 다시 말해 자연과 노동력을 양식으로 삼고 있는 자본주의는, 그 두 요소에 의해서만 가능한 자기 증식 운동을 그것들을 다 먹어치울 때까지 멈출 수가 없다. 그 끝에 보이는 것이 지구와의 동반자살이라고 해도.

우리는 무시무시한 상황을 살아가고 있다. 오늘날 우리가 직면하고 있는 위기는 이미 통제 불가능한 자연과 대결한다는 식의 '숭고'로 표현할 수 있는 것이 아니다. 그것은 자본주의가 자신의 극복의 대상으로 삼아 온 통제 불가능성(=자연) 그 자체를 사회에 내재화해 버리는 것으로 나타난다. 오늘날 우리에게 정말로 무서운 백경은 자본주의에 내재화된 이러한 통제 불가능성 그 자체이며, 그것은 진정한 숭고가 아니라 '부조리한 숭고'인 것이다.

지금 정치의 구멍 속에서
엿보이는 것

4월 말이 다 되어서야 뉴욕에도 따뜻한 봄 날씨가 찾아왔다. 사람들은 저마다 공원이나 광장으로 나와 뒤늦게 찾아온 계절의 은혜를 만끽하고 있다. 마치 불안감이 가득한 요즈음의 정세 속에서 오히려 명랑함을 되찾으려는 것처럼. 그렇다. 장래를 알 수 없는 불안이야말로 오늘날 만인이 공유하는 심리일 것이다.

세계 어디에서나 그렇듯이 이 불안감은 미국에서도 각지에서 다양한 모습으로 분출되고 있다. 오바마 대통령 취임 이후 우파들은 한층 더 시끄럽다. 백인 인종차별주의자들에 의한 이민노동자 배척 운동이 점점 심해지고, 지방의 여러 극우 단체들은 정부에서의 독립(제2의 독립

선언)까지 주장하고 있다. FBI의 조사에 의하면 작년 11월부터 올해 2월 사이에 미국 전체의 총기 구입량이 약 1천 2백만 건이나 증가했다고 한다. 말할 것도 없지만, 미국 우파의 무장은 민중적 불안의 극히 **자기중심적이고 사악**한 표현이다.

이러한 불안의 근원에는 국가가 신자유주의 경제에 아첨하느라 국민의 삶과 자유, 존엄성을 지킨다는 본래의 역할을 내던져 버렸다는 사실이 있다. 현재 국가는 민중의 분노로부터 기업을 지키기 위한 용역에 다름없는 한심한 처지로 전락해 있다. 정치를 감싸고 있던 매끄러운 표면에 구멍이 나기 시작했다.

좋은 의미에서건 나쁜 의미에서건, 바로 거기에서부터 온갖 정령과 이매망량魑魅魍魎[온갖 도깨비들 ― 옮긴이]들이 출몰하고 있다. 종교적 원리주의나 우익반동적인 운동뿐만 아니라, 이 글의 주제이기도 한 세계 각지 민중들의 절실한 욕구들 또한 ― 다종다양한 민중운동으로서 ― 모순/대립을 품은 채 자기 자신을 표현하고 대화하기 시작했다. 전락하는 국가의 신용과 비례해서 점점 두드러지게 나타나고 있는 것은 바로 민중운동의 힘이다. 예를 들어 남미볼리비아나 베네수엘라에서 나타나는 정치의 진정한 기능과 초점은 이미 정부 자체에 있지 않다. 그것은 정부가 얼마나 민중운동과 대화하고 그들의 발전을 도울 수 있는

가라는 정부와 민중간의 상호관계에 있다.

　세계체제론으로 유명한 임마누엘 월러스틴은 잡지 『더 네이션』의 특집 '사회주의를 다시 상상한다'(2009년 3월 23일)에서 다음과 같은 내용을 강조하고 있다. 현재 좌파적인 입장에서 (민중 불안의 원인인) 위기적 정세를 볼 때 두 가지 계기가 나타나고 있다. 첫 번째 계기는 단기적인 문제로서 민중의 생활과 직접 관련된 위기, 즉 실업, 임금 절하, 노숙자의 증가 등이다. 두 번째 계기는 보다 중장기적인 문제로서, 앞으로 20년에서 40년 사이에 일어날 자본주의 자체의 구조적 붕괴 가능성이다. 이러한 계기들을 통해 그가 강조하는 것은, 바로 현재의 상황에서 두 가지의 계기/영역에 있어서 명확한 방향성을 제시하지 못한다면 세계를 바람직한 방향으로 끌고 갈 수 있는 운동은 형성될 수 없다는 것이다. 간단하게 말해 단기적으로는 현실정치(개량)가, 장기적으로는 자본주의를 대신할 세계체제(혁명)가 과제로 제시된다.

　단기적인 시점에서 전략적 초점은 남미의 사례에서 볼 수 있는 것과 같은 정권과 민중운동 간의 관계이다. 이를테면 2008년 북미의 대통령 선거에서 중도에서 좌파까지 아우르는 폭넓은 인구가 오바마에게 투표했다. 그러나 이러한 추세는 그가 대통령으로 당선된 것으로 끝나서는 안 된다. 진보적인 세력들이 계속해서 그에게 압력을 넣어 그의 정책을 민주화하고 반군사화해야 한다. 월러스틴은 볼리비아의 에보 모랄레스나 베네수엘라의 우고 차베스보다 차라리 오바마에 더 가까운 — 중도적인 — 〈브라질 노동자당〉PT의 룰라 정권과 강력한 민중운동 〈MST〉(땅 없는 노동자의 운동)의 관계를 의미 있는 사례로 제시한다. 〈MST〉는 2002년 대통령선거에서 룰라를 지지했다. 그리고 룰라가 많은 공약을 지키지 않았음에도 불구하고 2006년 선거에서 다시 그를 지원했다. 그것은 〈MST〉가 룰라를 변혁의 주체로서 신뢰하기 때문이 아니다. 〈MST〉는 룰라를 비판하고 압력을 가함으로써 일정한 전략적 효과를 얻어 왔다. 월러스틴이 시사하는 것은 북미에서의 민중운동이 오바마 정권에 비슷한 압력을 줌으로써 정치를 개혁할 가능성이다.

물론 국가의 영향력과 폭력성에 있어서 미국과 브라질은 다르다. 룰라는 오바마보다 혁신적이다. 게다가 북미에는 〈MST〉처럼 강력한 민중운동이 존재하지 않는다. 그런 의미에서 이 제안은 너무나 낙천적이다. 하지만 여기에 분명히 중요한 것이 시사되고 있다. 그것은 세계정치가 국가에 의존하는 시대는 지나갔다는 사실이다. 장기적 관점에서, 신용을 잃은 국가의 영향력은 민중운동에 비해 점점 약해질 것이다. 따라서 향후에 점점 더 중요해질 것은 세계 각지에서 일어나고 있는 민중운동들 사이의 관계이다. '간ᄤ운동적 정치'의 시대가 부상하기 시작했다. 그리고 장기적인 계기 속에서는 국가 또한 — 그 강제력=무장력 때문에 더욱 성가신 — 일종의 운동으로 볼 수 있을지도 모른다.

복수의 아메리카합중국 국가^{國歌}

지금까지 41회에 걸쳐 해온 연재가 이 글로 끝을 맺는다. 일부러 의도한 건 아니었지만 올해 5월 1일 노동절을 기점으로 아메리카합중국의 시민이 되었다. 이 선택이 과연 옳은 건지 여러 가지 생각이나 의문이 없었던 건 아니다. 이대로 계속해서 일본인으로서 미국에서 생활할 수도 있었다. 하지만 지금까지 거의 30년 동안 미국에서 생활해 왔고 앞으로도 생활의 거점을 여기에 둘 거라면, 이 '땅'에 정치적/사회적으로 보다 전면적인 개입을 하기 위해서라도 이러한 선택이 타당하다고 생각했다. 말하자면 이는 어디까지나 '더욱'이라는 비교의 문제일 뿐이다. 그러나 이러한 비교 위에서 내린 선택이 앞으로 나의 삶을 결정

복수의 아메리카합중국 국가[國歌]

하는 도박이 될 것이다.

　나는 개인적으로 국가(와 자본주의)를 가장 좋은 제도라고 생각하지 않는다. 국가와 자본주의라는 제도에 의해 규정되어 있다는 것을 인지하고 있지만 그것을 대체하는 사회제도의 가능성을 추구하고 싶다. 그것이 인류적 과제라고 생각한다. 아메리카합중국의 국가정책에 동의하는 것도 아니다. 오히려 많은 문제를 느낀다. 일본에 대해서도 마찬가지다. 그리고 미합중국이 일본의 두 도시에 투하한 원자폭탄을 잊은 것도 아니다. 그러므로 이것은 국가 차원의 선택도 정치/윤리적 차원의 판단도 아니다. 단지 이 북미의 대지에서 일어났던 일들, 그리고 앞으로 일어날지도 모르는 일들에 계속해서 나 자신을 연결시키고 어떤 일이 있건 그것을 붙들고 가자, 거기서부터 다시 일본이라는 극동의 군도 및 사람들과의 관계를 구축해 나가자 ― 라는 존재적 결단이다.

　북미는 선주민의 땅이다. 노예의 땅이다. 유럽계 지배자의 땅이다. 그리고 새로운 이민의 땅이다. 이처럼 서로 다른 이해를 가진 민중들이 이 땅에서 대립/투쟁을 품은 채 함께 살고 있다. 그런 의미에서 이 나라가 형성되는 과정에 내재화되어 있는 모순은 하나도 해결되지 않았다. 모든 대립/투쟁이 존속하고, 회귀하고 또 격화되는 가능성들이 여전히 이 땅에 잉태되어 있다. 또 밖으로부터 계속해서 새로운 모순을 끌어와 삼키고 있다. 이러한 장소성topos은 계속해서 세계를 향해 자기를 확장하는 동시에 세계를 내재화한다. 바로 그 때문에 여기에는 여러 가지 얼굴들이 있다. 그중 중요한 하나의 얼굴은 세계민중이 공유해야 하는 장소성(=대지)이다. 또 다른 중요한 얼굴은 유럽계 지배자들이 자신의 이권을 중심으로 제도화한 국가(=영토)이다. 그 두 가지를 양극으로 무수한 다른 얼굴들이 여러 가지 층을 만들며 복잡한 착종체를 형성하고 있다. 만약에 국민을 넘어선 인류라는 것이 형성될 가능성이 있다면 그것은 이런 복합적인 대립 속에서 그 대립을 조정하면서 출현할 수밖에 없을 것이다.

1776년의 미합중국 독립선언에서 선포된 권리, 즉 '삶'을 충족시키고 '자유'와 '행복'을 구할 권리는 특수한 민족, 국민, 인종을 위한 것이 아니었다. 만인이 향유해야 할 것이었다. 이 독립에는, 세계의 온갖 민중들이 대영제국의 세계 제패로부터 벗어나 자신의 권리를 지킬 자율성이 적어도 가능성의 형태로는 포함되어 있었다. 이같은 세계민중의 가능성으로서의 아메리카는 그 위대한 포크 가수 우디 거스리의 〈이 땅은 너의 땅〉This Land is Your Land(1940년)에 더없이 아름답게 표현되어 있다. 이 땅은 '나'만의 영토가 아니다. 어디까지나 '너와 나'의 땅인 것이다. 국가주의적이고 기독교 중심적인 어빙 벌린의 〈신이여 아메리카를 축복하소서〉God Bless America(1938년)에 대한 급진적인 비판이기도 한 이 노래를 통해 거스리는 각자의 위기에서 벗어나 간난신고 끝에 이 땅에 도달한 만인의 꿈과 권리를 노래했다. 그러니까 내가 몽상하는 북미의 대지의 축가祝歌=anthem은 〈신이여 아메리카를 축복하소서〉도, 공식 국가인 〈성조기여 영원하라〉Star Spangled Banner도 아니다. 그것은 어디까지나 〈이 땅은 너의 땅〉이 아니면 안 된다.

〈성조기여 영원하라〉를 생각하면 떠오르는 것은 일찍이 세상을 떠난 락 기타리스트 지미 헨드릭스이다. 1969년 베트남전쟁이 벌어지고 있었던 와중 뉴욕 주 북부 우드스톡에서 개최된 역사적 락 음악제에서 지미는 미국 국가를 연주했다. 독자적인 애드리브로 탈구축된 그의 국가는 내셔널리즘에서 가장 멀리 탈주하고 있는 표현방식이었다. 기타라는 악기가 이 정도까지 착종적인 표현성을 획득한 예도 없을 것이다. 여기서 '성조기=아메리카'는 분명 다종다양체로 변용되어 있다.

국가國歌를 조작한다는 것은 국가國家를 선택하는 행위와 어딘가 비슷하다. 두 행위에 모두 '모독'blasphemy의 목소리가 메아리치고 있다. 이는 어디까지나 국가가 개인을 선택하는 것이 정통적이고 자연스러운 존재양태로 간주되어 왔기 때문이다. 개개인은 국가의 호명을 받아 국민이 된다는 것이 일반적인 믿음이었다. 그러나 인류의 형성을 위해서는 개인이 국가를 선택하고 그 존재를 상대화해 버리는 것이 필요하지 않을까? 여러 가지 의문과 불안과 함께, 나는 어쨌든 그러한 선택에 나를 걸기로 결정했다.

비판적 범주^{category}로서의 도시

21세기의 도시변용

마이크 데이비스는 오늘날 도시인구가 비도시인구를
초과한 것은 신석기 시대의 도래나 산업혁명에 비할 만한
'인류사에서의 분수령'이라고 말했다.[1] 현재의 '도시적 현
실'은 지구에 살고 있는 대다수 사람들의 희망과 투쟁과
고난을 체현하고 있다. 멈출 줄 모르는 도시화^{urbanization}
는 그 외부 — 즉 비도시적 인구뿐만 아니라 지구라고 하는 비
가시적인 영역 — 에 대해서까지 더없이 위협적인 영향력을
가지기에 이르렀다. 숱한 모순을 안고 있는, 한없이 복합
적인 이 영역이야말로 보다 나은 세계를 고민하는 철학적

/이론적 사고를 위한 비판적 범주category를 제공할 것이다.

에필로그에서는 이러한 사고의 전제가 되어 줄 몇 가지 지점들을 생각해 보고 싶다. 우선 21세기에 나타난 도시들의 여러 모습에 대해 생각해 보자. 첫 번째는 ('프롤로그'에서 다루었듯이) 점점 더 도시들 간의 상호관계로서 형성되고 있는 '세계도시'이다. 두 번째는 이와 더불어 주로 남반구의 국가에서 출현하기 시작한 '메가슬럼'이다. 그리고 세 번째는 이러한 도시화와 그 외부 간의 대립이다. 이러한 경향이 '사방으로 흩어지는 도시' 혹은 '죽음을 향해 가는 도시'의 실태라고 할 수 있다.

지리학자 도린 맛세이는 독자적인 장소론/공간론2을 바탕으로 세계도시론을 전개하고 있다. 그녀는 선적線的인 발전을 바탕으로 하는 시간론/역사개념에 반대하며 그러한 개념의 원리가 되는 '정적靜的 공간개념'을 해체하려 한다. 그녀의 작업에서 핵심적인 것은 보다 역동적인 세 가지 공간의 양상이다 — 상관관계의 산물로서의 공간, 다종다양성의 동시존재를 상정하는 가능성의 권역으로서의 공간, 늘 구축과정에 있는 것으로서의 공간. 이러한 공간론과 상보적으로 발전해 온 그녀의 도시론은 『세계도시』3에서 결실을 맺는데 여기서는 도시의 세계화에 대해서 아래와 같은 몇 가지 물음을 던지고 분석을 행한다. (1) 메트로폴리스는 도대체 누구의 것인가? 모든 도시의 소유권의 문제. (2) 외부에 대한 대도시의 책임을 은폐하는, 민족주의적인 '장소의 동일화'에 대한 비판. (3) 장소에 대한 권리 주장과 동시에 그곳에 자리 잡고 있는 것에 대한 책임. (4) 도시 간/장소 간의 네트워크에서 '불평등한 상호의존'에 대한 인식.

이렇게, 지역적인 것이 이미 세계적인 역학관계 속에 존재한다는 장소/공간의 역학을 강조하며 맷세이는 그러한 점을 고유한 도시의 공간분석에 도입해야 한다고 주장한다. 예를 들어 우리는 대도시의 도시공간 분석에, 내포성(이민노동력의 도입 등)은 물론 그 외적인 개입(경제/군사) 또한 도입해야만 한다. 그녀가 런던과 관련해서 주장하고 있는 아래의 원리는 모든 메트로폴리스에 마찬가지로 적용될 수 있을 것이다.

(중략) 세계도시는 — 그리고 모든 장소는 — 거기서부터 외부로 향하는 선을 가지고 있다. 예를 들면 통상 루트, 투자, 정치/문화적 영향, 그리고 내적인 다종다양성 자체가 가지는 외부와의 관계이다. 온갖 종류의 권력관계가 지구를 종횡무진하며 런던에서 일어나는 일과 다른 장소의 운명을 연결하고 있다. 이것이 또 하나의 지리학, 요컨대 말하자면, 지구적 의미에 있어서 장소의 외적 지리학이다.[4]

런던도 뉴욕도 역사적으로 식민지주의/노예경제를 추진해 왔을 뿐 아니라, 이러한 성격을 계승하여 현재에도 신자유주의의 공장으로서 불평등한 세계를 형성하는 주요한 결절점이 되고 있다. 또 그곳에 사는 것 자체가 지구적인 특권이다. 이러한 인식은 우리에게 지역성/장소성이라는 개념을 다시 쓸 것을, 외부와의 관계성을 둘러싼 장소의 정치학을 지향할 것을 촉구하고 있다. 지구상 어디에 있든 우리는 자신들의 장소(도시)와 다른 장소(도시)와의 관계를 살아가고 있다. 따라서 그것을 고려한 정치/투쟁을 지향해야만 한다. 그것은 (생산수단, 노동력, 대기오염에 관한) 외적 책임을 고려한 손해배상의 문제일 뿐만 아니라 지구적 민주주의를 구축하는 것에 관한 문제이다. 도시의 동일성/정체성에 관한 사고는 그 뿌리에서부터의 변화가 필요한 국면에 놓여 있다.

두 번째 모델은 대도시들의 외적 영향에 의해 남반구의 국가들에 집중적으로 출현하기 시작한 '메가슬럼'이다. 마이크 데이비스가 그의 저서 『슬럼, 지구를 뒤덮다』[5]에서 지적하듯이 메가슬럼은 지구 남반구의 전통적인 도시 주변에서 출현한 거대한 빈민가만을 뜻하는 게 아니다. 이와 함께 도시라는 범주 자체가 복수화되고 있으며, 도시적인 상황은 지구적인 규모에서 편재하고 있다. 도시인구가 극심하게 증가하는 것과 동시에, 다양한 타입의 유사도시들이 증식하고 있으며 지금까지 비도시적이었던 모든 공간에 도시적 요소(교통, 통상, 개발)의 침략이 진행되고 있다. 지구적으로 마을이 도시화되고 시골과 누각 metropolis이 혼재하는 양성구유적인 풍경이 널리 퍼지고 있다. 이러한 사태는 고전적인 도시개념뿐만 아니라 '메갈로폴리스6' 등 지금까지 개념화되어 온 모든 거대도시 개념을 넘어서고 있다.

이러한 상황에서 '메가슬럼'은 특히 지구적인 규모에서 벌어지는 민중 궁핍화immiseration의 수적/강도적 극한을 보여 주며, 또 글로벌한 '소유지의 가치'와 '민중생활(거주/소득/문화)의 재생산'이 충돌하는 전초전의 확산/편재를 구현하고 있다. 그러나 메가슬럼은 더 이상 부의 집중을 지향하는 도시집중화 현상이 아니다. 그것은 오히려 세계은행이나 IMF가 추진해 온 자유무역과 구조조정에 의한 생활 재생산 수단의 상실, 그에 더해 전쟁이나 자연재해 등으로 인해 거주지를 잃고 유동적인 노동력이 된 사람들이 도시의 임금저하, 물가상승, 높은 실업률에도 불구하고 탈산업화된 도시(혹은 그 변두리)로 집중할 수밖에 없는 '변태적 도시 붐'이다. 이 도시화는 글로벌한 도시개발(누각화)에 기인하고 있지만 그 음화로서 물질화된 '파벨라화化'7이다. 이러한 거대한 규모의 '판자촌'shanty town에서는 무수한 사람들이 혼잡, 질병, 범죄, 오염, 재해,

설비부족, 무방비 등, 비일상적인 일상을 살아가고 있다. 대부분의 경우 그 공간은 유력가나 경찰과 손을 잡은 범죄조직의 관리 하에 있으며 비가시적인 부동산 시장에 의해 상품화되어 비정규적으로 개발되고 있다. 여기서는 '스콧'조차도 투자/개발의 대상이 되어 버린다. 이러한 의미에서 메가슬럼은 지구적인 규모로 일어나는 민중의 주변화, 생활기반의 불안정화, 불가피한 이동의 '장소적 표현'이라 할 수 있다. 거시적으로 볼 때 이것은 '도시 젠트리피케이션'에서 '지구 젠트리피케이션'으로의 변환이다.

데이비스는 그의 또 다른 책 『죽음의 도시들』[8]에서 이러한 도시화와 그 외부의 관계를 다시 한 번 문제 삼고 있다. 지구를 지질학적인 차원으로까지 변용하기 시작한 '도시화'의 위기이다. 메트로폴리스의 유지와 확장이 파국 catastrophe적인 지구환경의 변동으로 귀결되고 있다는 것은 이제 누가 봐도 분명하다. 다양한 징후들이 도시공간의 유지와 자연환경 재생산의 양립불가능성을 점점 더 극적으로 표현하고 있다. 예를 들어 도쿄라는 도시가 생존하기 위해서는 일본 열도 3배 이상의 생태학적으로 풍요로운 토지가 필요하다고 한다. 이같은 도시와 비도시의 장소적/공간적 부정합이 전 세계에서 관찰된다. 데이비스가 이 책에서 지적하고 있듯이 지금 우리에게 필요한 것은 자연의 생태학ecology뿐만이 아니다. 그보다 더 시급하게 요청되고 있는 것은 바로 '도시의 생태학'이다. 다만 이 생태학은 도시자체의 자기재생/보존의 관점이면서도 자연환경과의 상호관계(도시-자연의 변증법)를 포함하는 '키메라적인 생태학'이어야 한다.

누각과 거리

마이클 하트와 안또니오 네그리는 최근의 저서『공통체』9에 '메트로폴리스'에 관한 작은 섹션을 마련하고 있다. 여기서 현대적인 도시는 '통상도시' 그리고 '산업도시'에 이어 등장한 '삶정치적 도시'biopolitical city로서 나타나고 있다. 이미 지적했듯이, 현대의 이러한 도시상황은 인류사상 처음으로 도시인구가 비도시 인구를 상회하게 되었다는 사실, 그리고 도시와 비도시의 구별이 소멸되어 가는 경향과 연관이 있다. 그들의 언어로 메트로폴리스는 이제 다중의 '비기관적 신체'non-organic body가 되었다. 칼 맑스로부터 질 들뢰즈와 펠릭스 가따리로 계승된 '비기관적 신체' 혹은 '기관 없는 신체'body without organ의 개념은 폭넓은 의미에서 '자연'을 지시하고 있다. 하지만 이 자연은 — 들뢰즈와 가따리가 계승한 단계에서 보다 명확해졌듯이 — 인간의 문화/문명과 분리되는 것이 아니다. 이것은 자연환경과 인간사회를 포함해, 지구상의 온갖 활동을 지탱하는 물질적/잠재적 기반과 같은 것이다.[10] 그리고 이러한 메트로폴리스는 공장 내부를 넘어 사회화된 주요한 생산, 요컨대 삶정치적인 생산영역의 무대이다. 그것은 한편으로는 세계민중의 우연적 만남이 일어나는 장이자, 생활의 쇄신 및 재생산의 장이며 긍정적인 의미에서 글로벌한 '공통의 부'commons의 양성을 맡고 있다. 하지만 다른 한편으로는 그 양성/생산의 과정에서 부동산 가격(지대)으로 체현되는 '공통적인 것the common의 망령'에 인도되어 그 추상화를 추진하고 있다. 즉 '대지(지구)의 영토화'이다.

이러한 맥락에서 중요한 것은 여기서 도출할 수 있는 비판적 관점, 즉 오늘날 우리가 도시공간을 통해 '공통적인 것'을 둘러싼 투쟁과 맞닥뜨리게 되었다는 사실이다. 바꿔 말하면 궁극적인 공통적인 것으로서의 지구적 공통자원이 위기에 처해 있는 현실 앞에서 불가피한 공생과 공유야말로 우리의 과제가 되었다는 것이다. 이 위기적인 상황에서 '공통적인 것의 조직화'와 '공통적인 것의 망령'이 민중의 생활 및 생태계의 재생산을 걸고 격렬히 싸우고 있다. '도시화'와 그 임계가 바로 그 싸움의 무대이다.

적어도 현상적인 측면에서, 궁극적인 '공유재산'의 영역인 '지구'에 대한 국가와 자본의 지배는 '도시화'로 나타난다. '도시화'의 이러한 측면은 여기서 이야기되는 '누각'

그리고 일찍이 루이스 멈퍼드가 개념화한 '거대기계'mega machine 11와 관련된다. 이는 고대 역사에서 이는 '국가'와 '거대누각'의 동시적 발생을 통해 구현되었다. 그리고 20세기에 현대기술이 뒷받침하는 전체주의 국가의 형성을 통해 복귀했다.12 나는 오늘날 이것이 민영화에 의해 점점 더 탈중심화되고 키메라화하고 있는 '군산복합체'로 이어지고 있다고 생각한다. 이것은 법/제도로서의 국가까지도 집어삼키는 '거대누각'이 되어 가고 있다.

하지만 도시에 내재하는 '공통적인 것'은 또 다른 하나의 추세를 형성하고 있다. 그것은 '도시화'의 다른 한 측면인 '거리'와 관계한다. 들뢰즈와 가따리는 도시와 국가를 다음과 같이 구분했다.13 국가란 '내-일관성의 현상'이다.

> 그것은 함께 **공명하는** 점들을 만드는데, 이 점들은 반드시 도시-극極들인 것이 아니라 대단히 다양한 순서ordre의 점들, 지리적, 민족적, 언어적, 도덕적, 경제적, 기술적 특수성들의 매우 다양한 점들이다. 그것은 도시가 시골지방과 공명하도록 만든다. 그것은 지층화에 의해 작동한다; 달리 말하면 그것은 수직적, 위계적 집계를 형성하고, 이 집계는 수평선들을 깊이의 차원으로 걸어놓는다.14

그에 반해

도시는 길route의 상관물이다. 도시는 단지 유통과 순환의 함수로만 존재한다; 도시는 순환 위의 뚜렷한 점이며 순환을 창조하고 순환에 의해 창조된다. 그것은 진입과 퇴장에 의해 정의된다; 무언가가 도시로 진입해야 하고 도시 바깥으로 퇴장되어야 한다. 그것은 주파수/빈도를 부과한다. 그것은 불활적인 것과 살아 있는 것(혹은 인간적인 것)의 양극화를 초래한다; 그것은 지평선[수평선]들을 따라 종별적[특정한] 장소를 경유하기 위해 필름phylum/**계통, 흐름**을 야기한다. 그것은 횡단–일관성trans-consistance이라는 현상, 하나의 **네트워크**reseau인데, 왜냐하면 도시는 근본적으로 다른 도시들과 접촉하고 있기 때문이다.[15]

'횡단–일관성'으로서의 도시는 비계층서열적으로 다양한 물질의 흐름과 관계를 연결시키고 분배하는 운동이다. 이것은 인류사를 통해 관찰되는, 사람들의 이동, 주둔, 교류의 중계점이다. 그곳에 출현하는 체류, 혹은 누각화에 의해 야기되는 장소의 동일화/부동화不動化, fetishism는 '내–일관성'으로서의 국가에 의해 지층화된 도시화의 한 국면에 불과하다.

이러한 사고 위에서 들뢰즈와 가따리는 '도시'와 '자본주의'의 관계를 '전쟁기계'와 '국가'의 관계에 대응시킨다. 인류학자 삐에르 끌라스트르의 뛰어난 연구를 참조하면서 그들은 '원시사회는 국가의 도래를 예견하고 물리치면서' 동시에 '축적을 방해한다'고 말한다. 그들이 '전쟁기계'라고 부르는 것은 바로 이것이며 국가는 이를 '군사제도화'함으로써 최초로 폭력의 독점기구를 형성한다. 그리고 이 '물리치는 기능'을 '도시'에 적용하며 다음과 같은 사실을 지적하고 있다. '도시는 자본주의를 창조하지 못했다', '도시가 자본주의를 예견했던 것이 사실'이더라도, 그것을 '물리치지 않고서는 예견하지 못했다.' 예컨대 '예견함과 동시에 방해한다 ……. 메커니즘은 원시사회에서만이 아니라 도시에서도 국가와 자본주의에 반대하며 작용하고 있다.'16

여기서 일컬어지는 '도시'는 '전쟁기계로서의 도시'이며, 그것은 '거리로서의 도시'이다. 도시가 '국가와 자본주의에 반대하는' 요소를 가진다면, 그것은 '거리'이어야만 한다. 물론, 현실의 도시화는 반드시 '누각'과 '거리'라는 두 가지 요소에 의해 형성된다. 경제적/실천적으로 이것들을 분리하는 것은 불가능하다. 하지만 세계민중의 투쟁의 원리를 밝혀내려는 비판적 사고에 있어서는 이 분절화야말로 '도시화'에 내재하는 '미시적 가능성', 혹은 '존재론적 차이'를 보여준다.

하트와 네그리의 메트로폴리스와 다중에 대한 사고를 더욱 밀고 나가자면 도시화는 세계민중의 '비기관적 신체'

라고 할 수 있다. 이 '신체'는 넓은 의미에서 '자연'이며, 도시화와 그 외부를 가로지르는 방식으로 존재하고 있다. 이 관점을 일단 옳다고 하자. 그렇다면 미래는 메트로폴리스와 지구의 '사이버 펑크적 합체'가 될 것이다. 또는 '인간적 구축'과 '지구적 생성'의 합류가 될 것이다. 다만 앞서 언급한 마이크 데이비스의 관점에서는 이 사태야말로 도시자연적인 의미에서의 '파국'이며 '거시적 절망' 이외에 아무것도 아니다. 바로 그렇기 때문에 이 지점에서 '도시화'의 내부에 '누각'과 '거리'라는 두 개의 대항적일 뿐만 아니라 **비대칭적인** 계기를 상정할 필요가 있다.

도시공간에서 '거리'는 민중의 집합신체와 힘의 지표이며, '누각'은 국가와 자본주의의 합성물, 즉 거대기계의 지표이다. '횡단-일관성' 그리고 '탈영토화'로서의 '거리'는 '누각'을 준비하고 그 구축에 '노동력'을 공급하지만 결국 그곳으로부터 추방되어 다른 누각으로 향해 간다. 그것은 유동적이면서도 '누각'을 형성하는 온갖 힘을 공급하는 모체인 것이다. 요컨대 '누각'은 그것이 아무리 강력하게 보일지라도 '거리'의 부양가족 혹은 기생충에 불과하다. 따라서 이들 사이의 투쟁은 동군/서군과 같은 대칭적인 두 힘의 충돌이 아니다. 보다 전체적이고 복합적이며 일상적인 '공통적인 것의 조직화'와 '공통적인 것의 망령'사이의 투쟁이다. '누각'이 지구 생태계를 조금씩 파괴하는 힘이라고 한다면 그것을 부양하고 있는 '거리'만이 최종적으로는 '비기관적 신체'와 미묘하게 교섭을 벌이며 '죽음을 향해 가는 도시' 혹은 '사방으로 흩어지는 도시'를 다른 방향에서 실현할 가능성을 품고 있다.

바꿔 말하자면, 지구적으로 진행되는 도시화 내부에서 벌어지는 '거리'와 '누각'의 비대칭적 투쟁이 없다면 '도시의 생태학'은 존재할 수 없다. 여기서 '거리의 투쟁'은 이미 뉴욕과 같은 선진국들의 메트로폴리스에서는 물론, 아니 그보다 오히려 메가슬럼에서 벌어지는 민중의 투쟁 — 사람들의 생활의 재생산, 자율과 민주주의의 형성, 행복의 추구 — 을 모델로 하고 거기서 배울 수밖에 없다. 이것은 필자에게 있어서 여전히 미지의 영역이며 상상의 영역에 불과하다. 하지만 만약 그곳에 전략적인 가능성, 혹은 '미시적 희망'이 없다면 우리가 할 수 있는 것은 오직 이후에 닥칠 파국을 기다리며, 요컨대 '거시적 절망'과 유희를 벌이며 지금까지처럼 그저 하루하루를 살아가는 것밖에 없을 것이다.

메가슬럼의 거리에서는?

오늘날 전 세계에서 메가슬럼은 자본과 일체화된 국

가들megamachine이 계획하는 소탕작전의 표적이 되고 있다. 이곳에 지구적인 계급투쟁의 최전선이 만들어지고 있다고도 말할 수 있을 것이다. 역사적인 맥락에서 메가슬럼 형성에 대한 책임은 대부분 2차 세계대전 후 구 식민지에서 독립을 쟁취한 신생국가들이 식민지시대의 지역적 계급성을 답습한 데에 있다고 한다. 그 국가들은 특히 도시공간이라는 맥락에서 민주주의의 실현을 포기했던 것이다. 그 과정에서 '잉여인간'이 되어 버린 주민들은, 법으로 통제가 안 되는 메가슬럼의 질서를 바로잡기 위한 대책을 세운다는 명목 하에 이제는 보안전술의 주된 대상이 된다. 유동적인 민중nomad 생활의 재생산과 그것을 통제/파괴하려고 하는 보안체제 사이의 싸움은 현재 지구상에서 다양한 형태로 전개되고 있다. 이 싸움은 국민국가 내에서 당파적인 입장 차이를 내건 '내전'civil war이 아니라 끝없는 '사회적 전쟁'social war의 양상을 띠고 있다. 미국이 세계적으로 선동하고 있는 '테러와의 전쟁' 또한 이 지구적 투쟁의 뒤틀린 표현일 뿐이다. 현재 전 세계 군사전문가들의 공통적인 인식은, 세계질서를 유지하는 데 있어 가장 위험한 구성요소는 바로 메가슬럼이라는 것이다. 데이비스는 다음과 같은 문단으로 『슬럼, 지구를 뒤덮다』를 끝맺고 있다.

보안 시설이 갖춰진 도시 공간과 악마적 도시 공간의 대립이라는 기만적 변증법에 의거하여, 끝없는 재난의 듀엣이 울려퍼지기 시작한다. 매일 밤, 슬럼구역 상공에서 윙윙거리는 무장 헬리콥터가 비좁은 거리를 오가는 정체 모를 적들을 추적한다. 판잣집이나 도망가는 자동차를 향해 지옥불을 뿜어댄다. 아침이 밝으면 슬럼측은 자살폭탄이라는 말없는 웅변으로 이에 응수한다. 조지 오웰이 예언했던 억압적 테크놀로지가 제국의 편에 포진해 있다면, 제국에서 추방당한 사람들 편에 있는 것은 혼돈의 신들이다.[17]

이 이야기는 고전적인 도시 게릴라전의 모델을 환기시키지만 너무나도 어두운 전망을 보여준다. 하지만 이것이 오늘날 도시적 현실의 한 측면인 것만은 분명하다. 여기서 '혼돈의 신들'이란 누각 구축 과정에서 정통적인 계획 없이 자연발생적으로 생겨난 판잣집들 사이로 이어진 미로같은 거리의 은유일 것이다. 그러나 이 '거리'야말로 21세기적인 '인민의 바다'이며 그곳에서야말로 '공통적인 것'의 조직화가 진행되고 있는 것이 아닐까?

현대 미국평론가 레베카 솔닛은 『이 폐허를 응시하라』[18]에서 데이비스와는 또 다른 변증법을 통해 '희망의 거처'를 밝혀내고자 한다. 이 책은 재난을 당한 여러 장소에서 관찰된 '권력의 억압', 그리고 그 억압에 저항하며 형성된 민중

내부의 '공통적인 것의 조직화'를 수많은 인터뷰를 바탕으로 기록하고 있다. 사유화와 개인주의의 원리로 점철된 메트로폴리스에서 우리의 일상을 단절시키는 것은, 요컨대 '재난'이라는 부정적인 계기들뿐이다. 하지만 그곳에서야말로 '강렬하게 마음을 빼앗기는 현재성'intensely absorbing present이 출현한다. '우리에게는 이 감정을 표현할 만한 적당한 언어조차 없다. 그곳에는 무서움 속에 훌륭함이, 슬픔 속에 기쁨이, 공포 속에 용기가 내포되어 있다.' 허리케인 카트리나가 휩쓸고 지나간 뉴올리언스든, 9·11 사태가 벌어진 뉴욕이든, 파국의 순간에서야말로 제도는 그 기능적 한계를 드러내고, 민중 공동체가 그 상호부조적인 기능을 회복한다. 특히 허리케인 카트리나를 겪은 뉴올리언스에서 주요 미디어는 긴급한 상황에서 민중이 약탈행위를 하거나 범죄를 저지르는 것에 대한 두려움만을 연일 보도하며, 어디까지나 '사유화된 사회와 개인'의 관점을 유지했다. 권력은 재난 현장에 블랙워터와 같은 악명 높은 사설군대mercenary를 투입하여 이재민을 구제하기는커녕 횡포에 가까운 통제를 실시했다.[19] 그럼에도 불구하고 그곳에서는 다양한 상호부조의 형태가 출현했다. 솔닛은 '이 시대에 천국으로 나아가는 문은 지옥에 있다'[20]고 하는 역설적인 사고에 근거하여 몇 개의 비슷한 사례들을 그려내고 있다.

이러한 사례들은 앞에서 말한 권력과 민중, 누각과 거리의 존재론적 비대칭성을 주저 없이 말해 준다. 외부자의 상상에 불과할지도 모르지만, 어찌 보면 누각의 음화로서 존재하는 메가슬럼은 '재난의 일상화'가 아닐까? 메트로폴리스의 안정된 일상 따위는 그곳에 애초부터 박탈되어 있었음에 틀림없다. 그러나 그러한 비일상적인 일상에서 사람들은 어떻게 행복을 찾아내고 공통적인 것을 구축하고 있을까? 아니면 그곳에는 이제 행복도 공통적인 것도 불가능한가? 이러한 영역을 그 내부에서부터 탐사하는 것이야말로 앞으로의 도시적 사고에 있어서는 필수적일 것이다.

앞으로 우리의 과제는 도시와 도시, 장소와 장소의 역학관계를 밝혀내는 세계도시론, 그리고 메가슬럼에서의 '거리' 형성을 탐사하는 것이다. 우리가 현재 지구상에서 경험하고 있는 것은 '죽음을 향해 가는 도시'와 그럼에도 불구하고 '계속해서 되돌아오는 거리' 바로 이것이다.

지은이 후기

이 책에 게재된 짧은 글들은 모두 아사히신문출판에서 간행하는 월간지 『한 권의 책』에 연재되었던 것들이다. 이 글들을 다시 읽고 고치는 동안, 당시 처해 있었던 스스로의 '한계'와 상황적인 '어려움=불가능성'을 다시금 확인했다. 한계에 대해 말하자면, 이 글을 쓴 이후에 방문한 장소들 — 예를 들어 유럽의 바르셀로나와 볼로냐, 남미 볼리비아의 라 빠스, 꼬차밤바, 오루로, 차빠레 같은 볼리비아의 도시들과 거리 그리고 정글 — 에서 습득한 관점이 당시에는 결여되어 있었다는 것을 절감하지 않을 수 없다. 단적으로 말하자면 그것은 '도시적 생존의 실천' 혹은 '공통적인 것의 현실적 구축', 그리고 바로 지금 일어나고 있는 '민중봉기의 현실'에 대한 관점이다. 이 두 가지는 앞으로 나의 도시적 사고를 지탱하는 두 개의 기둥이 될 것이다. '어려움=불가능성'에 대해 말하자면 사실 글을 쓴 당시나 지금이나 그다지 바뀐 것은 없다. 그 어려움은 지구적 과제이며, 그것과 대결하지 않는 이상 어떤 본질적인 변혁도 불가능하리라는 것은 점점 더 분명해지고 있다.

『한 권의 책』을 통해 필자의 글을 연재할 기회를 주고, 오랫동안 편집을 맡아주신 시바노 지로柴野次郞 씨에게 깊은 감사를 드린다. 또한 시바노 지로씨의 후임자인 코야나기 아키코小柳暁子 씨에게도 많은 신세를 졌다. 덧붙여 아게마쯔 유지アゲマツ・ユウジ 씨가 찍은 뉴욕 거리의 사진들은 문장 사이의 공간과 호응하며 이 책에 또 다른 차원의 역동성을 안겨 주었다. 건축가 그룹 〈co-op/t〉는 책표지의 다이어그램을 통해 이 책을 관통하는 '흩어지는 도시'라는 개념을 이미지화해 주었다. 〈RLL〉의 카와베 유川邊雄 씨의 디자인 또한 이 글을 읽는 행위에 아름다움과 풍요로움을 선사해 주었다. 마지막으로 위의 모든 요소들과 새로 쓰인 글들을 하나의 문맥으로 배치하고 하나의 책으로 완성시킨 것은 오로지 이문사以文社의 마에세 소우수케前瀬宗佑 씨의 뛰어난 편집술임을 말하고 싶다.

옮긴이 후기

1.

『죽음의 도시, 생명의 거리』의 한국어판 출간을 위한 막바지 작업으로 한창 바쁘던 때의 일이다. 환경파괴를 경고하고 직접행동에 있어서의 행동 변화를 촉발시키고자 하는 〈END : CIV〉라는 다큐멘터리 영화 상영회에 참여하기 위해서 가족들과 함께 서울로 향했다. (『유체도시를 구축하라!』가 출간될 즈음, 소량과 나와 아이들은 서울이라는 대한민국의 교육/통제 그리드에서 빠져나와 전라북도에서 살기 시작했다.) 때마침 방한한 〈Test Their Logik〉이라는 이름의 캐나다 아나키스트 2인조 힙합 그룹의 한명인 T가 상영회 후 공연을 할 예정이었고, 나는 엉겁결에 T의 서울 가이드를 하청 받게 되었다.

성신여대역에서 T를 만난 나는 개인적인 볼 일로 남산 해방촌에 가야 했고, 그런 사사로운 이유로 인해 우리의 서울 횡단투어는 그 사이에 있는 동대문 시장에서부터 시작되었다. (동대문 시장에는 전태일 기념비와 평화시장이 있다. 아나키스트 래퍼와의 서울투어로는 인사동이나 경복궁, 청와대보다는 훨씬 적절해 보이지 않는가?) 나는 전태일 기념비 앞에서 간단한 설명을 시도했고, 그는 전태일의 동상이 있는 그곳의 공기를 천천히 음미하듯 감회 어린 표정으로 나의 어설픈 설명을 들어 주었다. 최근 대선의 선거운동 당시, 독재의 역사를 제대로 반성/사과하지 않은 박근혜 후보가 이 기념비를 방문하려 했지만 노동자들이 온몸으로 막았다는 이야기를 T는 아주 좋아했다. 우리는 한국의 서민/노동자 계급의 옷을 파는 평화시장을 걸어 (T는 커다란 A자가 장식된 까만 모자에 관심을 보였지만 만 육천 원이라는 가격이 너무 비싸다며 사지 않았다) 광장시장에 도달했다. 엄격한 채식주의자인 T는 광장시장의 빈대떡을 무척 맛있게 먹었다(막걸리도 맥주도 없이).

광장시장 앞에서 탄 101번 버스는 이순신 장군 동상 앞을 지나 역사박물관을 향했다. 그 동상 앞 사거리에서 벌어진 오래 전의 전투를 이야기해 주었다. 명박산성을 둘러싼 전설적인 전투였다. 2008년 이후 이어진 공포스러운 일화들이 가이드의 입에서 흘러나오자 투어리스트는 격하게 공감했다. 2006년부터 수상인 하퍼Harper 역시 캐나다 역사상 최악이라는 것이었다. 이처럼, 한 시대를 둘러싼 공감대가 지역을 뛰어넘어 형성되고 있을 때 버스는 시청으로 방향을 선회했다. 버스를 잘못 탔다는 걸 비로소 깨닫고 잠시 당황했지만, '이왕 이렇게 된 김에'라는 심정으로 나는 시청에서 내려 대한문 분향소로 T를 이끌었다. 어떤 언어로도 다 전달하기 힘든 그곳, 쌍용차 노동자 분향소 앞에서 쉽게 입을 열 수가 없었지만 감정을 억누르며 더듬더듬 상황을 전했다. 그곳에서 영어로 쓰인 글을 읽고 나의 설명을 들으며 T는 분노했다. "너는 아직 잘 모를 수도 있지만 아마 여기서 꼭 공연하게 될 거야." 이것이, 반권위적 조합주의자이자 래퍼이며 투쟁의 현장에서 노래하고 싶어 하는 T에게 내가 분향소에서 했던 말이다.

그날 밤 상영회 후, T와 헤어진 내가 식구들과 함께 하룻밤 신세지기 위해 친구 집으로 이동을 할 때 자동차가 용산을 지났다. 용산 참사의 현장이었던 남사당 건물이 헐리고 난 허공과, 그 건너편 사창가를 헐고 만들어 낸 또 하나의 허공을 응시하는데 엄청나게 오싹한 느낌이 심장 아래를 움켜쥐고 하복부를 끌어당겼다. 정신이 아득해질 정도의 불안감에 앞 차와 거의 충돌할 뻔한 나는 간신히 브레이크를 잡았다. 다시 길을 달리기 시작한 뒤에 이 이상한 기분에 대해 말하자 소량은 내가 학자라기보다는 무당에 가깝다는 농담을 했다. 그리고, 다음날 아침 나는 대한문 앞 농성장에 불이 났다는 이야기를 들었다.

집으로 돌아오는 길에, 나는 불타 버린 분향소를, 분향소 앞에서 노래하는 T와 캐나다에서 투쟁하는 그의 동지들을 생각했다. 그리고 후쿠시마를 생각했다. 후쿠시마에서 원전이 터진 건 2년 전의 일이다. 그 후 일본에선 1960년대 이래 생각할 수 없었던 엄청난 규모의 집회가 벌어졌다. 집회가 이어지던 2012년 여름 일본의 오사카에서 나는 이 책의 표지를 디자인한 〈co-op/t〉의 멤버 두 사람과 만날 수 있었다. 각각 부모가 모로코와 이란에서 미국으로 이민해 미국에서 자랐으며 1999년의 시애틀 봉기부터 전지구적 정의 운동에 관여해온 활동가들이었다. 건축가이자 활동가인 그들은 내가 지금까지 본 적도 들은 적도 없는 섬세함과 예리함으로 2005년부터 2012년까지의 민중봉기를 이론화하고, 그것을 평면/계획plan으로 제시했다. 민중의 어떤 호소도 듣지 않으려고 하는 일본의 권력자들 앞에서 가로막힌 우리에게 그들의 이야기는 매우 흥미로웠다.

무의미한 증오와 야만이 도시 그리고 전지구를 휩쓸

어도 우리는 불타 버린 거리에서 다시 만나 싸우고 노래한다. 그렇게 서로 연결된다. 죽음을 향해 가는 도시에서 되돌아오는 거리란 바로 이러한 의미일 것이다. 분노는 사랑이 있을 때만 가능한 것이기 때문이다. (이것은 T가 부른 노래의 제목이기도 하다.) 비록 T가 분향소 앞에서 노래하는 것을 직접 보지는 못하고 서울을 떠나야 했지만 증오가 불태운 도시의 구석에서 그가 분노와 사랑의 노래를 부르는 장면, 그렇게 죽음을 향해 가는 도시에 거리가 되살아나는 장면을 마음속에 떠올려 본다.

LA를 떠났던 이라크 개전 전야.
그로부터 10년이 지난 어느 날
하지메

2.

10년 넘게 교육노동자로 일하다가 뒤늦게 석사학위를 따러 밴쿠버에 와 있다. (커뮤니케이션 기술과 대항운동의 관계를 공부한다는 거창한 명목이지만 사실은 그냥 유학휴직이라는 제도를 향유해 보고 싶었던 탓이다.) 어딜 가나 농성장이, 제도에 의해 삶의 외각으로 밀려난 사람들이, 다시 삶을 되찾기 위한 절박한 싸움이 가득한 서울과 비교할 때 밴쿠버는 기이할 정도로 평화로운 도시였다. 심지어 거리 모퉁이마다 '존재'하는 노숙자들조차 평화로워 보였다.

집세가 비싼 이곳에서 싸고, 볕이 드는 방을 찾기란 쉬운 일이 아니다. 어느 날은 도심 한가운데의 번쩍거리는 고층빌딩에 방이 여러 개 있다는 광고를 보고 찾아갔다. 그 건물에만 집을 10채 넘게 소유하고 있다는 인도인 집주인은, 방 두개, 거실, 작은 베란다가 딸린 아파트 한 채를 잘게 쪼개어 여섯 명에게 렌트해 주고 있었다. 파티션으로 분할된 거실은 창문이 없이 어두웠고, 고시원을 떠올리게 하는 그 '주거공간'에 일본과 중국, 한국에서 온 어학연수생들이 서로 부딪치지 않기 위해 노력하며 공용 부엌과 화장실을 사용하고 있었다. 냉장고 안에는, 식료품마다 이름표가 붙어 있었다.

인터내셔널한 쪽방촌으로 변신한 화려한 아파트 로비를 경비가 지키고, 번호키를 눌러야 들어갈 수 있는 건물 문밖에 노숙자가 자고 있는 풍경이 일상인 도시. 부유한 중국인들과 인도인들이 부동산을 점령한 한편 관광객들과 어학연수생들이 산업을 지탱하고 있는 이곳. 여기서부터 저기까지는 약물중독의 인디언들과 노숙자들로 가득하니 가지 말라고 분류되어 있는 이 '멀티컬츄럴'한 코스

모폴리탄의 지극히 평화로운 외관은 서로 부딪치지 않음으로서 확보되고 있었다.

제국의 언어조차 제대로 습득하지 못한 내가 무엇과도 연결되지 못한 채 이물질로 부유하던 어느 날, 도서관 밖이 뜻밖의 수런거림으로 가득 찼다. 눈앞의 거리를 다양한 피켓을 손에 쥔, 다양한 타악기를 두드리는 군중이 채우고 있었다. 허겁지겁 노트북을 닫고, 학교 밖으로 뛰어 나갔다. 캐나다 선주민 단체 'IDLE NO MORE!'(더 이상 가만히 있을 수 없다!)의 행렬이었다. (나중에 찾아본 바로는) 하퍼 정부가 〈인디언법〉, 〈하천 보호법〉, 〈환경 심사법〉 등 선주민은 물론 모든 인민들의 공통재인 '커먼'common을 심각하게 침해하는 법안을 통과시키려 하자, 사스카츄완 주에서 4명의 여성이 반대운동을 시작했고, 이 운동이 한 달 만에 전국적으로 확대된 것이 바로 'IDLE NO MORE' 운동이다. 이 선주민 여성들이, 경계를 무너뜨리고 도시를 흘러넘치게 하고 있었다.

계속되는 재개발과 소비문명의 건설을 통해, 도시는 사람들을 도시로부터, 그리고 서로로부터 분리시킨다. 죽음으로 향하는 과정이라고밖에 부를 수 없는 이러한 분리 속에서, 세련되고 안락한 도시적 삶을 유지하기 위해서 우리는 원전을 짓거나 하천을 통과하는 송유관을 건설한다. 보다 파멸적으로, 죽음을 향해 가는 과정이 이어진다.

『죽음의 도시, 생명의 거리』에서 저자는 이제 그 과정과 대면하고, 대결하는 것 외에는 다른 방법이 없음을, 그것의 절실함을 분명한 어조로 전달한다. 그것은 타자의 싸움에 동참하는 것, 아니 선주민과 노숙자와 여성, 파괴되는 숲과 하천, 이 모든 존재의 싸움이 나의 싸움임을 깨닫는 것이다. 분리와 마비가 주는 편안함을 포기하고 경계를 무너뜨리는 용기를 갖는 것, 그렇게 공존의 방법을 배우는 것만이 죽음을 피하는 유일한 길임을 깨닫는 것이라고도 말할 수 있을 것이다.

기이한 코스모폴리탄 밴쿠버에서

디디

3.

이 멋진 책의 저자 사부 고소 상, 책이 한국에 번역될 수 있는 기회를 주신 갈무리 출판사의 조정환 선생님과 신은주 대표님, 꼼꼼한 편집으로 좋은 책을 만들어 준 김정연 님, 오정민 님, 해제를 써 주신 이진경 선생님께 감사의 말씀을 드리고 싶다. 그리고 함께 작업한 우리 서로에게, 또 작업을 하는 내내 우리 옆에서 심심함을 참아 준 우

리 린이와 련이에게 (그 아이들이 아니었으면 이 번역은
3~4개월 전에 끝났을 것임이 분명하지만 그래도) 감사드
린다.

2013년 봄을 앞두고
하지메, 소량, 디디

한국어판 서문

1. [한국어판] 이와사부로 코소, 『뉴욕열전』, 김향수 옮김, 갈무리, 2010.

2. [한국어판] 이와사부로 코소, 『유체도시를 구축하라!』, 〈서울리다리티〉 옮김, 갈무리, 2012.

3. [옮긴이] 최근의 저서인 『공통체』(*Commonwealth*)에서 네그리와 하트 는 맑스의 『자본론』에 나오는 지대(rent) 개념을 사용해서, 현대 자본주 의의 삶권력(biopower)이 땅이나 거주지뿐만 아니라 삶이라는 공통적 인 것(the common)을 부동산 등의 형식을 통해 금융자본으로 포획하는 방식을 설명하고 있다. 본문에서 임대화라는 표현은 우리의 삶, 삶의 터 전, 존재 자체가 임대료에 의해 침식되는 모습을 표현한다. 참고: A・フ マガッリ＆ S・メッザードラ編集, 『金融危機をめぐる１０のテーゼ 金 融市場・社会闘争・政治的シナリオ』, 朝比奈佳尉, 長谷川若枝 訳, 以 文社, 2010 (Andrea Fumagalli & Sandro Mezzadra (eds.) *Crisis in the Global Economy : Financial Markets, Social Struggles, and New Political Scenarios*. Postface by Antonio Negri, translated by Jason Francis McGimsey, New York : Semiotexte, 2010) , http://www.edu-factory.org/edu15/webjournal/n0/Uninomade.pdf

4. [옮긴이] 바틀비(Bartleby) : 『바틀비』(갈무리, 2006)는 허먼 멜빌이 1853 년에 쓴 단편소설의 주인공으로 뉴욕 월가의 변호사 사무실에서 일하는 필경사이다. 자본주의 사회에서 고용인으로서 당연히 해야만 하는 모든 일을 거부하는 바틀비는 결국 부랑자 수용소로 보내진다. 금융경제의 중 심지 월가에서 노동을 거부하는 바틀비의 행위는 자본주의라는 기계의 부 속품이 되는 것에 저항하는 행위이기도 하다.

5. [옮긴이] 나자(Nadja) : 초현실주의적인 실험을 통해 무의식의 생생한 목 소리를 드러내고자 했단 앙드레 브르통의 대표적인 소설 제목이자, 소설

의 핵심 인물인 여인의 이름이다(러시아어로 희망을 뜻하는 단어의 어원이기도 하다). 부조리한 세계에서 오히려 정신병원에 감금되는 나자는 '방황하는 영혼'이자 모든 가치로부터 자유로운 존재를 상징한다.

6. [옮긴이] 다음 자료들을 참조하라. Tiqqun, *Theory of Bloom* (translated by Robert Hurley), LBC Books, 2012(2004). Tiqqun, *Preliminary Materials for a Theory of the Young-Girl* (translated by Ariana Reines). Los Angeles : Semiotext(e), 2012. 웹문서로는 : http://bloom 0101.org/tiqqun.html(불어)http://libcom. org/library/theory-bloom http://younggirl.jottit.com/(영어)

7. [옮긴이] 세계도시(ecumenopolis) : 우주도시라고도 번역할 수 있는 에큐메노폴리스는 1967년 그리스의 도시기획자인 독시아디스가 만든 용어로, 점에서 선, 선에서 면으로 점점 넓어지며 모든 경계와 국경을 지우고 하나의 도시로 형성된 세계를 뜻한다.

해제 : 죽음을 향해 가는 도시 사이로 거리는 어떻게 반복하여 되돌아오는가?

1. [한국어판] 렘 쿨하스, 『정신착란병의 뉴욕』, 김원갑 옮김, 태림문화사, 1999.

2. 이 책 일본어판의 제목『死にゆく都市, 回帰する巷』을 직역하면 '죽음을 향해 가는 도시, 되돌아오는 거리'이다.

3. [한국어판] 제인 제이콥스, 『미국 대도시의 죽음과 삶』, 유강은 옮김, 그린비, 2010.

프롤로그

1. [옮긴이] 자율주의 맑스주의자 네그리와 하트는 공통적인 것(the common)이라는 개념으로 공기, 물, 땅 그리고 그 생산물 같은 자연이 물질적으로 인간에게 가져다주는 것들을 지시하며, 그와 동시에 우리가 사회관계 속에서 창조해 내는 언어, 관계, 정보, 통신, 정동 등을 존재론적으로 가리키고 있다. 또 이는 역사적으로 자본주의에 의

해 수탈되기 전 사람들이 함께 사용했던 공유지(the commons)의 전통과도 연관되고 있다. 본서에서는 네그리와 하트의 최근 저서『공통체』(*Commonwealth*)를 따라 이 존재론적이면서 물질적인 재화를 '공통의 부'(commons)또는 공통적인 것(common)으로 번역하였다. 공통적인 것의 역사적 기원에 대해서는 피터 라인보우의『마그나카르타 선언』(정남영 옮김, 갈무리, 2012)을, 오늘날의 사회운동과 공통적인 것의 잠재력에 관해서는 조정환의『인지자본주의』(갈무리, 2011), 안또니오 네그리·마이클 하트의『선언』(갈무리, 2012)을 참조하라.

2. [옮긴이] 도시를 둘러싼 민중과 권력의 싸움에서 누각은 언제나 권력층의 유토피아를 상징했다. 저자는 누각이라는 개념을 통해 거리와 대비되는 의미에서의 보안화된 고층 빌딩을 존재론적인 차원으로 제시하고 있다. 거리는 원문에서는 치마타, 巷로 표기되어 있다.『뉴욕열전』(갈무리, 2010)에서는 이 단어를 번역 없이 한글로 음역했지만, 이 책에서 우리는『유체도시를 구축하라!』(갈무리, 2012)에서 그랬듯이 '거리'로 표기하려 한다. 시중의 거리, 교차로 혹은 민중이 사는 세상을 지칭하는 말인 치마타는, 미국의 힙합 음악 같은 하위문화나 활동가들이 말하는 street — 생활과 실천이 만나고 공동성이 확보되는 공간 — 에도 대응되는 듯하다. 저자는 도시민중의 교통공간을 뜻하는 이 말을 공통적인 것(the common) 혹은 공유지(the commons)라는 사유의 계보와도 연결시키고 있다.

3. 동시에 무시할 수 없는 사실은, 넓은 시야에서 볼 때 부동산담보를 포함한 금융경제에 대한 민중의 폭넓은 개입이 노동계급 투쟁의 압력에 의해 벌어진 사태라는 관점이다. 이에 대해서는 〈미드나잇노츠 컬렉티브〉(Midnight Notes Collective)와 그 친구들이 쓴『금융공황에서 커먼즈로 — 자본주의의 현재적 비판을 위해』(『金融危機からコモンズへ — 資本主義の現在的批判のために』), 高祖岩三郎, 木下ちがや, 酒井隆史 訳, 以文社, 2009를 참조 [영어 원문은 http://www.midnight notes.org 에서 다운로드할 수 있다 — 옮긴이]

4. 高祖岩三郎,『ニューヨーク烈伝』, 青土社, 2006 [이와사부로 코소,

『뉴욕열전』, 갈무리, 김향수 옮김, 2010].

5. Jane Jacobs, *Dark Age Ahead*, Random House, 2004.

6. Jane Jacobs, *The Death and Life of Great American Cities*, Vintage Books, 1961 [제인 제이콥스, 『미국 대도시의 죽음과 삶』, 유강은 옮김, 그린비, 2010].

7. [옮긴이] 젠트리피케이션(gentrification) : 영어로 신사(伸士) 즉 중산계층화라고 풀 수도 있지만, 도시론의 맥락에서는 다음과 같은 의미를 지닌다. 어떤 지역에서 재개발이 벌어지거나 중산층 수준 이상의 문화활동이 벌어져, 그 지역에 중산층이 거주하고 왕래하게 되어 부동산 가격이 인상된다. 그로 인해 그 지역에 원래 살고 있던 주민들이 다른 지역으로 이주하게 되거나 지역 특유의 문화가 사라지는 등 지역구성이 달라지는 현상을 가리킨다.

8. Sharon Zukin, *Naked City : The Death and Life of Authentic Urban Places*, Oxford University Press, 2009.

9. 이에 관련된 사정에 대해서는 이와사부로 코소의 「뜰=운동 이후」(『VOL』 1号, 2006年, 以文社) 참조 [이 글은 『소수성의 정치학 — 부커진R 시리즈1』(그린비, 2007)에 「뜰-운동 이후」라는 제목으로 번역되어 있다. ― 옮긴이].

10. http://www.picturethehomeless.org/.

11. 이 정세는 최근 젊은 세대에 의한 '봉기', '사회전쟁', '공산화'(共産化)를 축으로 한 세계변혁이론의 재구축과도 어딘가 관련이 있다.

12. [옮긴이] 말콤 X 대로(Malcom X Boulevard)는 뉴욕 맨하튼 위쪽의 할렘지구를 남북으로 가로지르는 길이다. 말콤X는 한국에서 주로 흑인운동가로 알려져 있지만 그의 독립자치와 상호부조 그리고 투쟁에 대한 비전 또한 지금 반자본주의 운동에서 높이 재평가되고 있다. 『뉴욕열전』(갈무리, 2010) 12장 참조.

13. [옮긴이] 마커스 가비 공원(Marcus Garvey Park)은 뉴욕 맨하튼 할렘에 위치한 공원이다. 1840년에 마운트 모리스 공원(Mount Morris Park)

이라는 이름으로 개장하였으나 흑인의 아프리카 복귀운동을 전개한 유명한 흑인 지도자 마커스 가비를 기리기 위해 1973년도에 이름을 바꾸었다. 『뉴욕열전』(갈무리, 2010) 12장 및 『유체도시를 구축하라!』(갈무리, 2012) 7장 참조.

14. [옮긴이] 티토 푸엔테는 뉴욕에서 태어난 푸에르토리코계 미국인이다. 이스트할렘에 있으며 엘 바리오로도 알려진 이 길의 이름은, 세계적인 아프로 라틴 음악가이자 남미 전통 타악기인 틴발레스의 명수이기도 한 티토 푸엔테를 기리기 위해 그가 세상을 떠난 해에 붙여졌다. 엘 바리오에 대해서는 『유체도시를 구축하라!』(갈무리, 2012) 7장 참조.

1. 도시의 언어(logos)에 대하여

1. [옮긴이] 그리드(grid)에 대해서는 『유체도시를 구축하라!』(갈무리, 2012) 75~79쪽 참조.

2. [옮긴이] 쿨하스는 뉴욕의 건축적 자아가 각각의 그리드, 즉 하나의 블록에 완결되어 있다고 생각했다. 이는 유럽의 대도시들이 전체적인 도시상을 염두에 두고 설계된 것과 대비되며, 도시의 자아는 하나의 블록을 초과하지 못하는 것 즉 그리드를 최대단위로 하는 것으로 나타난다.

3. Antonio Negri, "The Multitude and the Metropolis", 영어번역본 링크 http://www.generation-online.org/t/metropolis.html [안또니오 네그리, 「거대도시와 다중」, 문갑 옮김, 『자율평론』 7호, http://waam.net/xe/91263].

2. 도시공간과 예술

1. [옮긴이] 라틴어로 변화, 변동을 의미하는 '플럭서스'(Fluxus)라는 명칭은 플럭서스 예술운동의 주창자인 리투아니아계 미국인 조지 마키우나스가 채택한 것이며 이후 백남준을 비롯하여 존 케이지, 요제프 보이스, 오노 요코 등 여러 예술가에 의해 발전되었다. 20세기 초반의 급진적 예술운동인 미래주의, 다다이즘, 초현실주의, 상황주의의 역사적 예술체제

에 대한 항의, 거부, 비판, 파괴의 정신을 계승하고 감성적 예술체제인 실험, 구축, 유희에 주력하여 예술운동의 새로운 방향을 제시했다. 플럭서스 예술운동에 대한 보다 자세한 내용은 조정환·전선자·김진호, 『플럭서스 예술혁명』, 갈무리, 2011 참조.

3. 도시 속의 시

1. [옮긴이] 비트는 비트닉이라고도 불리며, 잭 케루악, 닐 캐서디, 엘렌 긴즈버그, 윌리엄 버로즈 등 2차 세계대전 후 뉴욕과 샌프란시스코를 중심으로 활동한 문학가들이 시작한, 격식이나 권위를 거부하고 즉흥적이고 발산적인 표현을 지향한 생활 방식이다. 동/양성애, 약물사용, 동양 철학과 정신세계의 탐구 등을 추구하였으며, 사회적 활동으로서 문학을 실천했다. 히피는 물론 펑크(punk)에도 큰 영향을 주었으며, 현대의 세계적 대항문화, 반세계화, 반권위주의 운동에서도 계속해서 참조되고 있다.

5. 이민국가 미국(America)의 허위

1. [옮긴이] 2006년을 말한다.

2. [옮긴이] 미니트맨은 원래 미국독립전쟁 시기에 재빠른 군사력 확보를 위해 활용된 민병제도였다. 그러나 본문에서 말하는 미니트맨 운동은 반(反)이민 정서가 점점 확산되는 미국에서 2005년에 결성된 이민반대 민병조직인 〈미니트맨 프로젝트〉(Minutemen Project)를 말한다. 이 조직은 미국과 멕시코 국경지대에서 불법이민자추방 및 국경감시 등을 전개하고 있다.

7. 오사카에서 뉴욕으로

1. [옮긴이] 사카이 다카시(酒井隆史)는 일본의 사회학자로 1990년대 후반 푸코의 후기 강의록을 경유한 사유를 통해 신자유주의 비판의 선봉에 섰다. 한국어로 번역된 책으로는 『폭력의 철학 ― 지배와 저항의 논리』(김은주 옮김, 산눈, 2007)와 『통치성과 자유 ― 신자유주의 권력의 계보학

』(오하나 옮김, 그린비, 2011)이 있으며, 오사카 민중사를 재구성한 최신 작 『通天閣一新 · 日本資本主義発達史』(青土社, 2012)으로 산토리 학예상을 수상했다.

2. [옮긴이] 지붕이 있는 상가 거리.

3. [옮긴이] 세토나이카이(瀨戸内海)는 일본 서부, 큐슈, 시코쿠, 혼슈 사이에 위치한 바다로, 오래전부터 일본 내외의 문물이 오가는 교통로였다. 이 바다를 통해 이어진 수많은 섬과 연안에 상인, 어부, 해적들이 살며 하나의 문화권을 형성했는데 현재는 오사카, 코베, 히로시마가 그 주요 도시로 있다.

9. 뉴욕의 영어

1. [옮긴이] 상거래에서 서로 다른 언어를 쓰는 사람들이 의사소통을 하면서 발전되는 언어. 서로의 언어의 문법이나 특징이 간략화되거나 혼합된다. 이렇게 형성된 혼합 언어가 한 세대뿐만 아니라 다음 세대까지 전습될 경우에는 이를 크레올(creole)이라고 부른다.

2. 와인처럼 드문 황금의 한 순간,
도시는 우아한 자태를 끌고 선을 넘어섰다;
내 피부색을 못 본 채,
내가 이방의 객일 뿐인 것을 잊은 채,
내 적개심을 겨냥해, 그녀는 몸을 구부렸다,
내 수난을 베개와 같은 가슴에 매단 채;
위대하고 고귀한 도시는, 낯선 사랑에 사로잡혀,
내 자존심을 지키기 위해, 섬광 같은 그 시간 고개를 숙였다.
   ― 「도시의 사랑」(클로드 맥케이)

11. 〈민주사회를 위한 학생연합〉(SDS)의 재건에 대하여

1. [옮긴이] 스튜던트 파워(student power) : 기존의 사회운동이 노동자 중심이었다면 1960년대에 이르러 전 세계적으로 학생들이 급진적인 사회변혁

운동을 선도하기 시작했는데 이를 지칭하여 스튜던트 파워라고 한다.

12. 와하까와 뉴욕을 잇는 것

1. http://nyc.indymedia.org/en/index.html.

13. 되살아나는 9·11 직후의 광경

1. [옮긴이] 미국의 폭스 엔터테인먼트 그룹이 운영하고 있는 24시간 케이블 텔레비전 뉴스 채널. 미디어 재벌인 루퍼트 머독의 투자로 빠르게 성장했으며 보수/극우적인 가치를 수호하는 대표적인 미디어이다.

2. [옮긴이] Cable News Network, 약칭 CNN은 24시간 뉴스 프로그램을 전달하는 세계 최초의 생방송 뉴스 전문 텔레비전 방송사이다. 1990년 걸프전 발발 당시 미국 전투기들이 이라크 수도 바그다드를 폭격하는 모습을 생중계한 이후 전 세계에서 가장 유명한 뉴스 매체로 자리 잡았다.

3. [옮긴이] 그라운드 제로(ground zero)는 폭발이 있었던 지점을 뜻하는 용어. 폭심(爆心)이라고도 한다. 이 표현이 처음 쓰인 것은 맨하튼 계획 및 히로시마와 나가사키 원폭 투하 때였는데 9·11 사태 이후 뉴욕 세계무역센터 붕괴의 지점을 가리키는 말로 많이 사용되고 있다.

19. 공포에 의한 정치

1. Corey Robin, *Fear, The History of a Political Idea*, Oxford University Press를 참조.

20. 센트럴파크라는 장치

1. [옮긴이] 차경(借景, appropriation, appropriative landscape) : 멀리 바라보이는 자연의 풍경을 경관 구성 재료의 일부로 이용하는 수법을 일컫는 단어. 여기서 저자는 마천루가 공원경관의 배경으로 구성된 것을 역차경이라 표현하고 있다.

21. 허드슨강의 글로벌한 시

1. 나는 강을 안다.

태곳적부터, 인간 혈맥에 피가 흐르기 전부터 이미 흐르고 있었던
강을 나는 안다.

나의 영혼은 강처럼 깊게 자라 왔다.

인류의 여명기에 나는 유프라테스 강에서 목욕했으며
나는 콩고 강가에 오두막 지어 물소리를 자장가 삼았다.
나는 나일강을 바라보며 그 위에 피라밋을 세웠고
나는 에이브 링컨이 뉴올리온스로 내려가고 있을 때 미시시피 강이 부르
던 노랫소리를 들었으며, 저녁노을 속에서 황금빛으로 물드는 이 강의
진흙 젖가슴을 줄곧 지켜보았다.

나는 강을 안다
저 태곳적부터의 아슴푸레하던 강을.

나의 영혼은 강처럼 깊게 자라 왔다.
— 「니그로, 강에 대해 말하다」[밀턴 멜저, 『자유와 구원의 절규, 검은 영
혼의 시인 랭스턴 휴즈』, 박태순 옮김, 신천문학사, 1994의 번역을 참
조하였다. — 옮긴이]

2. [옮긴이] 포르토프랭스(Port-au-Prince)는 최초의 흑인혁명(1791~1804)
을 통해 노예해방과 프랑스에서의 독립을 쟁취한 아이티의 수도.

3. [옮긴이] 산후안(San Juan)은 푸에르토리코의 수도이다. 1521년 스페인
이 다른 유럽 열강과의 전쟁에 대비해 이곳을 둘러싼 거대한 성벽을 건설
했다. 스페인 남성의 자손과, 노예였던 흑인여성 및 선주민인 타이노
(Taino) 여성의 후예들이 현재 인구를 구성하고 있는 이곳은 현재 미국
영토이다.

4. [옮긴이] 살바도르의 성당(Catedral Basílica de Salvador) : 살바도르는

브라질 바이아(Bahia) 주의 수도이다. 노예로 잡혀온 이슬람교도들이 이슬람교의 가르침과 아이티 혁명에 감응하여 1835년, 이곳에서 봉기를 일으켰다. 비록 봉기는 실패하고 참가자들은 처형되거나 아프리카로 송환되었지만 이 격렬한 봉기의 영향으로 인해 브라질에서는 노예제도가 폐지되었다. 현재 나이지리아에는 당시 송환된 사람들의 후예들이 살고 있다.

5. [옮긴이] 리오 데 자네이로(Rio de Janeiro)는 브라질에서 두 번째로 인구가 많은 도시이다. 도시 주변부에 광범위하게 펼쳐진 파벨라(favela)라고 불리는 슬럼은 지구 남반구 도시에서 집약적으로 표출되는 세계화의 모순을 극적으로 보여준다.

22. 뉴욕 이후의 도시모델

1. [옮긴이] 우카이 사토시(鵜飼哲)는 장 주네(Jean Genet)를 연구하고 파리8대학에서 데리다에게 해체주의 철학을 배운 문학 연구자이다. 1970년대부터 학생운동에 참여하며 일본 내외 사회문제와 적극적으로 연대했다. 한국어로 번역된 저서인『주권의 너머에서』(신지영 옮김, 그린비, 2010) 외에 다수의 저서와 역서가 있다.

2. [옮긴이] 뉴욕시 맨하튼의 세계무역센터가 위치해 있던 자리에 건설 예정인 초고층건물의 통칭. 현재 공식이름은 '원 월드 트레이드 센터'로, 원래 두 개의 건물이었던 세계무역센터가 하나로 통합됨과 함께 세계가 무역으로 인해 하나로 통합될 것이라는 신념을 암시한다.

3. [옮긴이] 보아벤투라 데 소우자 산투스(Boaventura de Sousa Santos)는 포르투갈 출신의 사회학자이다. 세계화와 신자유주의에 대항하는 운동의 조직을 위해 2년마다 브라질 포르토알레그레에서 개최되어 온 〈세계사회 포럼〉의 핵심조직가이자 이론가이다.

23. 이론과 정치의 한계에 대해서

1. [옮긴이] 우고 차베스(Hugo Chávez)는 베네수엘라 대통령(1999~2013)

이다. 미국이 주도하는 신자유주의적 세계화에 반대하고, 대안적인 경제 발전 모델을 지지하는 탓에 미국과 중상류층에 의한 위협을 받았다. 그러나 그의 정권은 석유개발의 이익을 빈민층에 재분배하면서 그들의 광범위한 지지를 받았을 뿐만 아니라 남미의 반미 좌파정권의 선봉에서 미국에 의한 세계화/신자유주의화에 맞서며 일정한 성과를 거뒀다. 암 투병을 하면서도 임기를 지키다가 이 책이 번역되던 중인 2013년 3월 5일 유명을 달리했다.

2. [옮긴이] 후안 에보 모랄레스 아이마(Juan Evo Morales Ayma)는 볼리비아 대통령(2006~현재)이다. 선주민 아이마라족 출신으로서 스페인 정복 이후 최초의 원주민 출신 국가수반이다. 선주민문화에서 매우 중요한 식물인 코카를 생산하는 농민조합운동가로 정치활동을 시작. 토지 개혁과 천연가스 개발의 수입 재분배 등을 통해 원주민과 빈민을 위한 정치를 도모하고 있다.

24. 멍청이들의 벽

1. [옮긴이] 2009년 사임.

25. 두 개의 아메리카의 투쟁

1. [한국어판] 안토니오 네그리·마이클 하트, 『제국』, 윤수종 옮김, 이학사, 2001.

2. [한국어판] 안토니오 네그리·마이클 하트, 『다중 — 제국이 지배하는 시대의 전쟁과 민주주의』, 조정환·정남영·서창현 옮김, 세종서적, 2008.

3. Michael Hardt and Antonio Negri, *Commonwealth*, Belknap Press of Harvard University Press, 2009 [안토니오 네그리·마이클 하트, 『공통체』, 정남영 외 옮김, 사월의 책(근간)].

4. [옮긴이] 에두와르 글리쌍 (Édouard Glissant, 1928~2011) : 말티닉 출신의 시인, 소설가, 사상가. 프랑스 식민지권에서 일어난 흑인정체성을 둘러싼 문학 사상운동 네그리튀드(Négritude)로 잘 알려진 에이메 세자

르(Aimé Césaire)에게 사사받았다. 그러나 이후 글리쌍은 카리브해와 남북아메리카의 다양성에 자신의 사상적 기반을 두고 말티닉 독립을 주장하는 한편 세자르의 아프리카 중심주의를 비판한다. 탈식민지주의 사상가로는 드물게 자신의 사상의 들뢰즈/가따리와의 친화성을 표명한 바 있다. 소설, 시, 사상 분야에서 다수의 저서를 집필했다. 이 책을 포함한 이와사부로 코소의 저서들에서는 글리쌍의 『전-세계론』(일어판 : 『全一世界論』, 恒川邦夫訳, みすず書房, 2000年; 불어판 : *Traité du Tout-Monde* (Poétique IV), Paris : Gallimard, 1997)이나 『관계의 〈시학〉』(일어판 : 『関係の〈詩学〉』, 管 啓次郎訳, インスクリプト, 2000年; 불어판 : *Poétique de la Relation*(Poétique III), Paris : Gallimard, 1990) 등이 참조되고 있다.

5. [옮긴이] 히가시 다쿠마(東琢磨) : 현재 히로시마를 거점으로 활동하는 음악/문화비평가이다. 저서로 『라틴뮤직이라는 '힘'』(『ラテン・ミュージックという「力」』, 音楽之友社, 2003), 『전-세계 음악론』(『全-世界音楽論』, 青土社, 2003), 『히로시마 독립론』(『ヒロシマ独立論』, 青土社, 2007). 공저서로 『음식 DJ — 그 이론과 실천』(『フードジョッキー : その理論と実践』, ひろしま女性学研究所). 편저서로 『히로시마에서 성폭력을 생각한다』(『広島で性暴力を考える』, ひろしま女性学研究所, 2009 등이 있다.

32. 브룩클린의 2008년 반(反)G8운동 보고회

1. [옮긴이] 어피니티는 보통 10명 내외의 작은 규모로 함께 직접행동을 하는 활동가의 그룹 또는 그러한 단위이다. affinity는 친근감이라는 뜻이다. 사상이나 활동을 함께하는 친구들의 모임이라고 볼 수 있으며, 위계적인 관계를 피하고 합의를 형성하는 것을 행동원칙으로 한다. 1990년대 이후 반세계화 및 반전운동에서는 몇십, 몇백의 어피니티 그룹이 모여서 수천 명 규모의 수평적인 직접행동을 조직하기도 했다.

35. 아메리카 교외의 슬픔

1. [옮긴이] 조닝(zoning) : 용도지역이라고도 불리며 도시계획에서 쓰이는
용어. 지방자치체나 정부기관이 법규를 통해 토지의 용도를 지역마다 규
정하거나 어떤 지역에서 건설 가능한 건물의 높이나 면적을 규제하는
것으로 해당 지역의 경제를 위해 특화된 경제부흥 정책 등의 형태를 취
할 때도 있다. 뉴욕 도심의 조닝의 영향에 대해서는 『유체도시를 구축하
라』(갈무리, 2012) 1장과 2장 참조.

2. [옮긴이] 연방주택융자은행제도(Federal Home Loan Bank System)는
대공황 이후 주택 시장에 대한 원활한 융자 공급을 위해 민간은행에게
자금을 제공하는 정부 지원 제도로서 1932년에 설립되었다.

36. 불의 강을 건너라!

1. 小野二郎, 『ウィリアム・モリス—ラディカル・デザインの思想』(中公
文庫, 1992年).

2. E. P. Thompson, *William Morris Romantic to Revolutionary*, Stanford
University Press, 1988 [에드워드 파머 톰슨, 『윌리엄 모리스 1, 2』, 윤효
녕 외 옮김, 한길사, 2012].

3. [옮긴이] 기 드보르(Guy Debord)는 스펙터클을 '이미지들의 집합이 아
니라, 이미지들에 의해 매개된, 사람들 간의 사회적 관계'라고 규정하며,
스펙터클이 지배하는 사회에서 사람들의 활동이 수동적으로 흡수되고,
상품이 삶을 지배한다고 주장했다. 그를 비롯한 상황주의자들의 사상과
운동은 68혁명에 큰 영향을 주었을 뿐만 아니라 현재 반자본주의사상에
도 중요한 영향을 끼쳤다.

37. 뉴스쿨 조반유리

1. [옮긴이] New School for Social Research : 2005년부터 현재까지의 명
칭은 뉴스쿨(The New School)이다. 1919년에 '사회연구를 위한 뉴스
쿨'이라는 이름하에 학위를 갖지 않은 사람에게 대학원 수준의 학습을 제

공하기 위한 취지로 시작되었다. 그 후의 연혁은 본문에 간략히 언급되어 있다.

2. [옮긴이] 〈평화와 정의 연합〉(United for Peace and Justice) : 2002년 미국의 이라크 침공을 앞두고 조직된 국제적인 반전 단체 연합으로 미국에 본거지를 두고 있다. 2004년 뉴욕에서 열린 공화당전국대회에 대항하는 대규모 집회에 참여했으며 민주당 지지 성향이 강하다.

3. [옮긴이] 〈학생환경운동연대〉(Student Environmental Action Coalition)는 미국 대학생과 젊은이 들의 환경운동 연합체이다. 1988년에 활동을 시작해 자연환경뿐만 아니라 인권, 경제정의, 소수자 차별 반대, 동물학대 반대 등 넓은 의미의 환경문제에 대한 운동을 전개해 왔다.

38. 가치들의 가치전환

1. [옮긴이] 더 디거즈(the Diggers) : '땅 파는 자들'이라는 뜻으로, 1650년대에 내전으로 인해 혼란에 빠져 있었던 영국에서 대토지 소유에 반대하고 재산공유제를 요구했다. 사유재산, 특히 모든 부의 원천인 토지소유를 전쟁과 폭력, 빈곤과 노예화의 원인으로 보고 비폭력직접행동을 실천한 이들의 실험은, 법적인 탄압은 물론 갖은 물질적 폭력과 위협에 의해 강제 해산되었다.

39. 우리는 보통의 삶을 긍정할 수 있는가?

1. [한국어판] 질 들뢰즈, 「내재성 : 하나의 삶」, 조정환 옮김, 『자율평론』 15호, http://waam.net/xe/91281.

에필로그 : 비판적 범주(category)로서의 도시

1. Mike Davis, *Planet of Slums*, Verso, 2006 [마이크 데이비스, 『슬럼, 지구를 뒤덮다』, 김정아 옮김, 돌베개, 2007].

2. Doreen Massey, *For Space*, Sage, 2005.

3. Doreen Massey, *World City*, Malden: Polity Press, 2007.

4. Doreen Massey, *World City*, p. 7.

5. Mike Davis, *Planet of Slums* [마이크 데이비스, 『슬럼, 지구를 뒤덮다』].

6. 예를 들면 Jean Gottmann, *Megalopolis*, The MIT Press, 1961.

7. [옮긴이] favelization : 브라질의 빈민촌을 뜻하는 파벨라(favela)에서 파생된 말.

8. Mike Davis, *Dead Cities*, New York, The New Press, 2002.

9. Michael Hardt and Antonio Negri, *Commonwealth* [안토니오 네그리·마이클 하트, 『공통체』, 정남영 외 옮김, 사월의 책(근간)].

10. Karl Marx, "Economic and Philosophical Manuscript," included in *Karl Marx Early Writings*, Vintage Books,1975, p. 328 [칼 마르크스, 『경제학-철학 수고』, 강유원 옮김, 이론과 실천, 2006]. ジル・ドゥルーズ＋フェリックス・ガタリ, 『アンチ・オイディプス―資本主義と分裂症』上下, 宇野邦一ほか訳, 河出文庫, 2006年 [질 들뢰즈·펠릭스 가타리, 『앙띠 오이디푸스 ― 자본주의와 정신분열증』, 최명관 옮김, 민음사, 1994].

11. Luis Mumford, "VI Technology and Culture," *The Lewis Mumford Reader*, edited by Donald L. Miller, Pantheon Books, 1986. 또 질 들뢰즈와 펠릭스 가따리의 해석에 의하면 이것은 원시농업공동체에 대해 상위 코드를 설치하는 '초코드화'이며 '기계적 노예화 체계'이다.(「13장 BC 7000년 ― 포획장치」). ジル・ドゥルーズ/フェリックス・ガタリ, 『千のプラトー』, 宇野邦一ほか訳, 河出書房新社, 1994年, 484頁 [질 들뢰즈·펠릭스 가타리, 『천 개의 고원』, 김재인 옮김, 새물결, 2001 / 질 들뢰즈·펠릭스 가타리, 『천의 고원』, 이진경·권혜원 외 옮김, 연구공간 '너머' 자료실, 2000, 미출간자료].

12. Luis Mumford, "The Reinvention of the Megamachine," *The Lewis Mumford Reader*.

13. ジル・ドゥルーズ/フェリックス・ガタリ, 同 [질 들뢰즈·펠릭스 가타리, 같은 곳].

14. ジル・ドゥルーズ/フェリックス・ガタリ, 同書, 489頁 [질 들뢰즈・펠릭스 가타리, 같은 책, 831~2쪽].

15. ジル・ドゥルーズ/フェリックス・ガタリ, 同書, 490~91頁 [질 들뢰즈・펠릭스 가타리, 같은 책].

16. ジル・ドゥルーズ/フェリックス・ガタリ, 同書 [질 들뢰즈・펠릭스 가타리, 같은 책].

17. Mike Davis, *Planet of Slums*, p. 206 [마이크 데이비스, 『슬럼, 지구를 뒤덮다』, 262~263쪽, 본문의 번역은 한국어판을 바탕으로 약간 수정했다 — 옮긴이].

18. Rebecca Solnit, *A Paradise Built in Hell*, Viking Press, 2009 [레베카 솔닛, 『이 폐허를 응시하라』, 정해영 옮김, 펜타그램, 2012].

19. Jeremy Scahill, *Black Water*, Nation Books, 2007 [제러미 스카힐, 『블랙워터 — 세상에서 가장 강력한 용병부대의 부상』, 박미경 옮김, 삼인, 2011].

20. Rebecca Solnit, *A Paradise Built in Hell*, p. 9 [레베카 솔닛, 『이 폐허를 응시하라』].

:: 인명 찾아보기

ㄱ

가따리, 펠릭스(Guattari, Félix) 163,
  202, 218, 294, 296, 297, 325, 329

그레이버, 데이빗(Graeber, David) 100,
  130

글리쌍, 에두와르(Glissant, Édouard)
  183, 326, 327

ㄴ

네그리, 안또니오(Negri, Antonio) 43,
  182, 294, 298, 316, 318, 330

니우벤후이스, 콘스탄트(Nieuwenhuys,
  Constant) 15

ㄷ

다미쉬, 위베르(Damisch, Hubert) 153

던컴, 스티븐(Duncombe, Stephen) 135,
  136, 138

데 소우자 산투스, 보아벤투라(de Sousa
  Santos, Boaventura) 166, 325

돈, 버나딘(Dohrn, Bernardine) 100

돕스, 루(Dobbs, Lou) 178

듀 보이스, W. E. B.(Du Bois, W. E. B.)
  150, 158, 159

드보르, 기(Debord, Guy) 16, 250, 328

들뢰즈, 질(Deleuze, Gilles) 163, 164,
  270, 294, 296, 297, 327, 330, 331

ㄹ

로 옴스테드, 프레드릭(Law Olmsted,
  Frederick) 81

로빈, 코리(Robin, Corey) 149

롭슨, 폴(Robeson, Paul) 143

르 귄, 어슐러 K.(Le Guin, Ursula K.) 96

르 코르뷔지에(Le Corbusier) 17

ㅁ

마라블, 매닝(Marable, Manning) 100

말콤 X(Malcolm X) 38, 53, 319

맛세이, 도린(Massey, Doreen) 289,
  290

매디슨, 제임스(Madison, James) 179

맥케이, 클로드(McKay, Claude) 90, 91

멜빌, 허먼(Melville, Herman) 271, 272,
  274, 316

모랄레스, 에보(Morales, Evo) 172, 229,
  232, 233, 280, 326

모리스, 윌리엄(William, Morris) 247~
  250

모제스, 로버트(Moses, Robert) 22, 57,
  58, 123~126, 166

ㅂ

발런, 힐러리(Ballon, Hilary) 124

베이, 하킴(Hakim, Bey) 53

ㅅ

사카이 다카시(酒井隆史) 77, 321

시한, 신디(Sheehan, Cindy) 137

신델, 드류(Shindell, Drew) 127

ㅇ

아렌트, 한나(Arendt, Hannah) 149, 253

에반스, 마이클(Evans, Michael) 148

엘리엇, T. S.(Elliot, T. S.) 87

우카이 사토시(鵜飼哲) 165, 325

웨스트, 코넬(West, Cornel) 100

윌, 브래드(Will, Brad) 106~108

ㅈ

제이콥스, 제인(Jacobs, Jane) 22, 23, 35,
58, 317, 319

제퍼슨, 토머스(Jefferson, Thomas) 179

종고, 오스마네(Zongo, Ousmane) 212

진, 하워드(Zinn, Howard) 100

ㅊ

차베스, 우고(Chavez, Hugo) 172, 280,
325

촘스키, 노암(Chomsky, Noam) 100

ㅋ

카로, 로버트(Caro, Robert) 124

캐널 스트리트(Canal Street) 112

켈리, 로빈(Kelley, Robin D.G.) 100

콜하스, 렘(Koolhaas, Rem) 15~19, 21,
42, 43

ㅌ, ㅍ

토크빌, 알렉시스 드(Tocqueville, Alexis
de) 149

폴록, 잭슨(Pollock, Paul Jackson) 27,
271, 272

핀천, 토머스(Pynchon, Thomas) 117~
119

ㅎ

헤이든, 톰(Hayden, Tom) 100

헨우드, 덕(Henwood, Doug) 235

헬먼, 릴리언(Hellman, Lillian) 143

홉스, 토머스(Hobbes, Thomas) 149

휴즈, 랭스턴(Hughes, Langston) 143,
157, 158, 160

ㄱ

거리 8, 15, 17, 19~26, 28, 30, 31, 33,
35, 36, 39, 47, 52, 54, 59, 65, 67, 71,
73, 77, 78, 106, 112, 114, 136, 138,
150, 164, 174, 194, 238, 247, 259,
264, 294, 296, 298~300, 302, 304,
305, 307, 310, 311, 314, 317
〈거리를 되찾자〉(Reclaim the Street)
137, 138
고유성 29, 30, 159
공생 27, 114, 217~219, 221, 259, 295
공유지 218, 318
공통의 부(commons) 20, 30, 295, 318
공통적인 것(the common) 210, 218,
219, 221, 238, 262, 263, 266, 295,
296, 299, 302~305, 313, 316, 318
『공통체』(네그리·하트) 182, 294, 316,
326, 330
교외 30, 58, 124, 241~243, 245
금융붕괴 235, 245, 247, 254, 259
〈급진적 학생조합〉(Radical Student
Union) 254

ㄴ

『나자』(브르통) 11
〈내셔널 액션 네트워크〉(National
Action Network) 214
「내재 : 하나의 삶」(L'Immanence : Une
Vie, 들뢰즈) 270

노동계급 131, 143, 318
누각 22, 23, 26, 30, 31, 35, 36, 39, 292,
299, 302, 304
『뉴욕열전』(코소) 5, 6, 8, 17, 316, 318~
320
뉴욕현대미술관(MOMA) 195
「니그로, 강에 대해 말하다」(The Negro
Speaks of Rivers, 휴즈) 157

ㄷ, ㄹ

「다중과 메트로폴리스」(네그리) 43
『다중』(네그리·하트) 182
〈당신이 보고 싶은 변화〉(The Change
You Want To See) 223
대통령 선거 145, 204, 209, 237, 279
『더 네이션』 279
「도시의 사랑」(맥케이) 90, 322
도시의 언어(logos) 41, 322
독립 미디어 108, 109
드러머의 숲(Drummer's Grove) 82
〈디스 이즈 매드니스〉(This is Madness)
54
「뜰=운동 이후」(코소) 319
〈라스트 포엣츠〉(The Last Poets) 53,
54

ㅁ

『마그나카르타 선언』(라인보우) 318
마커스 가비 공원 39, 319

말콤 X 대로 38

메가슬럼 22, 25, 166, 167, 291~293, 300, 301, 304

메트로폴리스 22, 25, 30, 31, 33, 43, 44, 165, 194, 217, 289, 290, 293~295, 299, 300, 303, 304

『모비 딕』(멜빌) 272

몽상의 정치 135, 136, 138

『몽상』(딘컴) 136

『미국 대도시의 죽음과 삶』(제이콥스) 22, 35, 58, 317, 319

〈미니트맨 프로젝트〉(Minuteman Project) 65, 98, 177, 321

〈미드나잇노츠 컬렉티브〉(Midnight Notes Collective) 318

미래주의 92, 95, 96, 320

〈민주사회를 위한 운동연합〉(Movement for a Democratic Society, MDS) 99

〈민주사회를 위한 학생연합〉(Students for a Democratic Society, SDS) 55, 98, 322

ㅂ, ㅅ

반(反)G8운동 223, 225, 226, 322

보도(sidewalk) 23, 35

〈부시를 지지하는 억만장자 유지 일 동〉(Billionaires for Bush) 138

불법점거/스쾃(squat) 22, 24, 36~38, 107, 293

브룩클린 23, 33, 46, 81, 82, 87, 193, 223, 322

〈블랙팬더당〉(Black Panthers) 55

사회운동(activism) 32, 53, 69, 72, 107, 138, 164, 232, 233, 318, 322

상호부조 10, 217, 267, 270, 303, 319

『선언』(네그리·하트) 318

세계도시(ecumenopolis) 5, 8, 38, 39, 289, 290, 317

『세계도시』(맛세이) 289

세계민중 7, 39, 43, 89, 150, 181, 184, 284, 295, 298

세계화 6, 76, 142, 160, 166, 289, 325~327

센트럴파크 81, 82, 84, 151~155, 194, 323

소수자 정치 106, 109

스타호크(Starhawk) 100

스펙타클 126, 130, 136~138, 144, 244, 250, 328

『슬럼, 지구를 뒤덮다』(데이비스) 291, 301, 329~331

ㅇ

〈아키그램〉(Archigram) 15

〈아키줌〉(Archizoom) 16

『암흑의 시대 앞에서』(제이콥스) 35

『앙띠 오이디푸스』(들뢰즈·가따리) 330

〈애국자법〉(USA Patriot Act) 65

에큐메노폴리스 317

예술 32, 45~49, 54, 69~72, 93, 96, 163, 165, 191, 195, 250, 251

오큐파이 운동 24

와하까 105~108, 323

〈워블리즈〉(Wobblies) 98, 143

월스트리트 8, 24, 33, 177, 235, 237, 273, 274

『윌리엄 모리스 — 급진적 디자인의 사상』(지로) 249

『윌리엄 모리스 — 낭만주의자에서 혁명가로』(톰슨) 249

유니언 스퀘어(Union Square) 113

『유체도시를 구축하라』(코소) 5, 6, 10, 17, 307, 316, 318, 320, 328

〈이 땅은 너의 땅〉(This Land is Your Land) 284, 285

『이 폐허를 응시하라』(솔닛) 302, 329, 331

이민국가 64, 321

이민자 26, 65, 143

「이타주의자들의 군대/소외된 선행권에 관하여」(Army of Altruists: On the alienated right to do good) 130

인종적 소수자 53, 58, 125, 143, 212, 222

인종적인 타자(minority) 243

『인지자본주의』(조정환) 318

ㅈ, ㅊ

전지구적 정의 운동 66, 100, 138, 142, 144, 225, 310

점거행동/행위(occupation) 24, 37, 38

정동노동 69, 70, 72

『정신착란의 뉴욕』(콜하스) 15, 17, 42

『제국』(네그리·하트) 182, 326

젠트리피케이션 7, 22, 23, 27, 36, 43, 70, 95, 245, 293

『죽음의 도시들』(데이비스) 293

지구 9, 10, 23, 27, 28, 31, 32, 34, 35, 127, 141, 144, 170~172, 202, 208, 212, 217, 219, 227, 239, 256, 265~267, 272, 288, 290, 291, 293, 295, 299, 301, 304, 310, 325, 331

『천의 고원』(들뢰즈·가따리) 330

ㅋ, ㅌ, ㅍ

『크라이시스』 158

탈젠트리피케이션 128, 134

『텔켈』(Tel Quel) 164

티토 푸엔테 길 39

〈파시즘에 맞서다 : 뉴욕 그리고 스페인 내전〉(Facing Fascism : New York and The Spanish Civil War) 141

ㅍ, ㅎ

포르토프랭스(Port-au-Prince) 160, 324

포틀랜드 197, 201

프리터 71, 72

『플럭서스 예술혁명』(조정환 외) 321

〈플럭서스〉 47

〈플럭스하우스〉 47

『필경사 바틀비』(멜빌) 272

허드슨강 157, 324

『흑인 민중의 혼』(듀 보이스) 158